해역인문학의 시선

부경대학교 해역인문학 기획도서 4

해역인문학의 시선

해역 위의 언어 풍경

양민호 지음

해양 해역 바다
개항장 부두 교류
방언 장소성 어촌
언어교섭 세과 조수
항구 동북아 기적
상처이크베
하코다테 인천 부산

해피북미디어

책을 펴내며

국립부경대학교 인문사회과학연구소와 해양인문학연구소는 해양 수산 인재 양성과 연구 중심인 대학의 오랜 전통을 기반으로 연구 역량을 키워왔습니다. 대학이 위치한 부산이 가진 해양 도시 인프라를 바탕으로 바다에 삶의 근거를 둔 해역민들의 삶과 그들이 엮어내는 사회의 역동성에 대한 연구를 꾸준히 해왔습니다.

오랫동안 인간은 육지를 근거지로 살아온 탓에 바다의 중요성에 대해 간과한 부분이 없지 않습니다. 육지를 중심으로 연근해에서 어업활동과 교역이 이루어지다가 원양을 가로질러 항해하게 되면서 바다는 비로소 연구의 대상이 되었습니다. 그래서 현재까지 바다에 대한 연구는 주로 조선, 해운, 항만과 같은 과학기술이나 해양산업 분야의 몫이었습니다. 하지만 수 세기 전부터 인간이 육지만큼이나 빈번히 바다를 건너 이동하게 되면서 바다는 육상의 실크로드처럼 지구적 규모의 '바닷길 네트워크'를 형성하게 되었습니다. 이 바닷길 네트워크인 해상실크로드를 따라 사람, 물자뿐만 아니라 사상, 종교, 정보, 동식물, 심지어 바이러스까지 교환되기에 이르렀습니다.

바다와 인간의 관계에 인문학적으로 접근하는 학문은 아직 완성 단계는 아니지만, 근대 이후 바다의 강력한 적이 바로 우리 인간인 지금이 '바다 인문학'을 수립해야 할 시점이라고 생각합니다. 바다 인문학은 '해양문화'를 탐구하는 차원을 포함하면서도 현실적인 인문학적 문제에서 출발해야 합니다.

한반도 주변의 바다를 둘러싼 동북아 국제관계에서부터 국가, 사회, 개인 일산의 각 층위에서 심화되고 있는 갈등과 모순들이 우후죽순처럼 생겨나고 있습니다. 근대 이후 본격화된 바닷길 네트워크는 이질적 성격의 인간 집단과 문화의 접촉, 갈등, 교섭의 길이 되었고, 동양과 서양, 내셔널과 트랜스내셔널, 중앙과 지방의 대립 등이 해역(海域) 세계를 중심으로 발생하는 장이 되었기 때문입니다. 해역 내에서 각 집단이 자국의 이익을 위해 교류하면서 생성하는 사회문화의 양상과 변용을 해역의 역사라 할 수 있으며, 그 과정의 축적이 현재의 모습으로 축적되어 가고 있습니다.

따라서 해역의 관점에서 동북아를 고찰한다는 것은 동북아 현상의 역사적 과정을 규명하고, 접촉과 교섭의 경험을 발굴, 분석하여 갈등의 해결 방식을 모색해, 향후 우리가 나아가야 할 방향을 제시해주는 방법이 우선되어야 할 것입니다. 물론 이것은 해양 문화의 특징을 '개방성, 외향성, 교유성, 공존성' 등으로 보고 이를 인문학적 자산으로 확장하고자 하는 근본적인 과제를 수행하는 일이기도 합니다.

국립부경대학교 인문한국플러스사업단은 바다로 둘러싸인 육역(陸域)들의 느슨한 이음을 해역으로서 상정하고, 황해와 동해, 동중국해가 모여 태평양과 이어지는 지점을 중심으로 동북아

해역의 역사적 형성 과정과 그 의의를 모색하는 '동북아해역과 인문네트워크의 역동성 연구'를 수행하고 있습니다. 이를 통해 우리는 첫째, 육역의 개별 국가 단위로 논의되어 온 세계를 해역이라는 관점에서 다르게 사유하고 구상할 수 있는 학문적 방법과 둘째, 동북아 현상의 역사적 맥락과 그 과정에서 축적된 경험을 발판으로 현재의 문제를 해결하고 향후의 방향성을 제시하는 실천적 논의를 도출하고자 합니다. 이를 바탕으로 본 사업단은 해역과 육역의 결절 지점이며 동시에 동북아 지역 갈등의 현장이기도 한 바다를 연구의 대상으로 삼아 현재의 갈등과 대립을 해소하는 방안을 강구하고, 한 걸음 더 나아가 바다와 인간의 관계를 새롭게 규정하는 '해역인문학'을 정립하기 위해 노력하고 있습니다.

국립부경대학교 인문한국플러스사업단이 추구하는 '해역인문학'은 새로운 학문을 창안하는 일이기 때문에 보이지 않는 길을 더듬어 가며 새로운 길을 만들고 있습니다. 이번에 간행하게 된 기획도서 또한 그러한 길을 만들어가는 작업의 하나입니다. 기획도서는 '해역인문학'의 탐구 대상이 되는 특정 주제에 관한 연구 성과를 엮어 낸 것입니다. 해역을 건너 살아가고 이어지는 디아스포라, 해역 공간에 나타나는 언어 문화 풍경 등 바다와 인간의 관계를 새롭게 바라보고 사유할 수 있는 주제들로, 특히 동북아라는 맥락을 더함으로써 우리네 삶의 역사적, 현재적 성찰도 가능케 합니다. 이들 기획도서가 향후 이어질 '해역인문학' 연구의 발전에 기여할 수 있는 노둣돌이 되기를 희망하면서 독자들의 많은 격려와 질정을 기대합니다.

인문한국플러스(HK+)사업단 단장
김창경

목차

해역인문학의 시작

이 책은 국립부경대학교 인문한국플러스(HK+, Humanities Korea Plus) 사업단에서 진행해 온 연구를 바탕으로 해역인문학(Sea Region Humanities)의 지평을 새로이 열고자 집필되었다. 기존의 인문학 연구는 주로 정적(靜的)이고, 연구 대상이나 분석, 그리고 방법에 있어 이론적이면서 기록 자료 중심이었다. 하지만 이 책『해역인문학의 시선 – 해역 위의 언어풍경』은 7년에 걸친 '동북아해역과 인문네트워크의 역동성 연구' 아젠다 중에서 언어의 이동과 교류를 통해 나타난 언어문화의 역동성 부분에 집중하였다. 이 책의 구성은 이론적 관점에서 해역인문학(海域人文學)을 정의하고, 기록과 일상 자료를 통해 해역인문학을 구체적으로 탐구한 후에 해역인문학의 미래를 전망하는 방식으로 짜여 있다. 마지막으로 지속 가능한 해역인문학의 발전 가능성을 모색하면서 도전적이면서 새롭게 시작되는 인문학의 청사진을 제시하고자 한다.

1부 이론으로서 해역인문학

1부에서는 해역인문학의 정체성을 다양한 관점에서 분석하며, 이를 바탕으로 해역인문학의 외연을 확장하고자 한다. 특히 바다와 힌터랜드(hinterland, 배후지)라는 공간적 관점을 도입하여 해역인문학이 기존 인문학의 위기 상황 속에서 새로운 돌파구가 될 수 있음을 보여주고 있다. 해역이라는 공간은 단순히 지리적 개념을 넘어 시간과 시대를 투영하는 복합적인 장소이다. 이러한 공간적, 시간적 특성을 활용하면 해역인문학의 연구 대상이 풍부해지고, 새로운 인문학적 이야기를 풀어나갈 수 있다. 이어서 '해역인문학의 학문적 자리매김'에서는 해역 위의 사람, 언어, 문화가 서로 얽히며 상호작용하는 과정을 탐구하고, 이를 통해 해역인문학이 어떻게 자리 잡을 수 있는지를 설명한다.

2부 자료로서 해역인문학

2부에서는 기록된 해역 언어와 일상 속 언어의 중요성에 대해 집중적으로 다룬다. 특히 지역의 사투리를 통해 해역과 언어의 긴밀한 관계를 확인하고, 언어 변이형의 기록을 통해 해역언어학(Sea Region Linguistics)의 확장 가능성을 탐색한다. 사투리는 지역적 특수성을 반영할 뿐만 아니라, 해역이라는 특수한 공간에서 언어가 어떻게 변화하고 발전해 왔는지를 보여주는 중요한 자료이다. 지금까지 많은 인문학 연구에서 사투리와 같은 언어 변이형 연구가 소홀히 다루어졌지만, 해역인문학에서는 그러한 변이형이 매우 큰 의미를 지닌다. 이를 바탕으로 해역언어학의 무한한 확장 가능성을 모색하고자 한다. 또 '현장에서의 해역 언어'에서는 어촌에서 관찰되는 해역 언어 현상을 현장 연구를 통해 분석하고자 한다. 현장에서 일어난 언어교섭과 언어전파 과정을 연구함으로써 해역 언어가 어떻게 형성되었는지 구체적으로 파악할 수 있다.

3부 문화로서 해역인문학

3부에서는 동북아해역을 둘러싼 지역의 도시와 언어문화를 분석하며, 특히 개항장(開港場, Open Port)으로서 중요한 역할을 했던 해역 도시 간의 문화적 차이를 비교한다. 이러한 비교는 동북아해역에서의 언어와 문화적 이동, 그리고 그 차이를 명확히 이해하는 데 중요한 단서를 제공한다. 바다와 육지에서 이루어지는 언어문화의 변화는 언어경관(Linguistic Landscape)이라는 분석 방법을 통해 더욱 체계적으로 분석된다. 해역인문학은 인문학과 다른 학문과의 융합을 통해 새로운 시너지를 창출할 수 있으며, 이는 해역 위에서 일어나는 언어와 문화적 변화의 독특성(獨特性)을 살펴볼 수 있는 좋은 기회이다. 예를 들어 한국의 로드뷰(Road View)나 스트리트뷰(Street View)를 통해 과거와 현재의 변화뿐만 아니라 미래의 해역 언어 생태계까지도 예측할 수 있다. 이러한 연구는 동북아해역의 언어문화를 해역언어학이라는 렌즈로 분석함으로써 그 매력을 다각도로 검토할 수 있게 해 준다.

4부 해역인문학의 미래

4부에서는 해역인문학의 미래를 조망하며, 수년간 축적된 해양지수(Maritime Index) 조사를 바탕으로 설명하겠다. 해역을 바라보는 대한민국 국민의 시각을 객관적으로 분석한다. 해역에 대한 인식은 개인마다 주관적일 수 있지만, 해양지수 조사를 통해 축적된 데이터는 이를 객관화하는 데 큰 역할을 했다. 특히 해양지수 조사는 경년(經年) 조사이다 보니 자료의 신뢰성을 확보하였고, 이는 해역인문학 연구에 있어 매우 중요한 자료로 활용된다. 이 조사를 바탕으로 해역인문학의 지속 가능한 발전 가능성을 탐구하고, 연구 주제를 확대할 수 있는 기회를 마련하였다.

해역인문학은 현재까지도 블루오션(Blue Ocean)으로 남아 있으며, 앞으로의 연구 가능성은 무궁무진하다. 해양 환경, 지역 창생(創生)과 같은 문제들 또한 해역인문학적 관점을 통해 새로운 해석과 해결 방안을 도출할 수 있다. 이는 해역인문학이 앞으로도 다양한 연구 분야에서 중요한 역할을 담당할 수 있음을 시사한다.

해역인문학은 단순히 어느 순간 새롭게 등장한 학문이 아니다. 오히려 해역인문학은 과거 인문학 속에 깊이 잠재되어 있던 가능성을 끌어올려, 우리가 보지 못했던 해역이라는 공간과 시간을 다시금 연결하는 중요한 매개체가 된다. 바다와 그 주변에서 벌어지는 인간의 삶과 언어 그리고 기층문화는 우리의 역사와 미래를 모두 품고 있는 자산이며, 새로운 지평이다. 이 책은 그 지평 속에서 해역인문학이 얼마나 풍부한 이야기와 통찰을 제공할 수 있는지 보여주고자 했다. 우리가 바다를 다시 바라볼 때, 그 속에는 단순한 자연환경 이상의 무한한 인간적 유대와 교류, 그리고 그 과정에서 탄생한 문화적 역동성이 숨겨져 있다.

인문학적 상상력이 동원된 문학작품이나 영화 속에서 해역이라는 공간은 종종 한 사람의 삶을 비추는 거울처럼 그려진다. 박팔양 시인의 「인천항」에서 등장하는 부두, 세관, 조수(潮水), 항구, 기적(汽笛) 등의 단어들은 단순한 풍경이 아니다. 그것은 그 시대를 살아간 사람들의 희망과 절망, 떠남과 돌아옴, 그리고 끝없는 가능성을 담고 있는 하나의 거대한 해역 이야기이다. 그 연결고리 속에서 우리는 해역과 마주한 자신을 발견하고, 우리의 역사를 다시 한번 성찰하게 된다.

해역인문학은 이렇듯 숨겨진 우리의 지문(指紋), 즉 문화와 역사의 흔적을 다시금 드러내는 작업이다. 그리고 그 지문은 우리 모두에게 고유한 흔적이자, 감출 수 없는 진실이다. 이 진실이야말로 해역인문학을 바라보는 중요한 열쇠가 될 것이다. 바다와 그 주변의 이야기를 통해 우리가 발견하는 것은 결국 우리 자신과 이 해역 세계를 잇는 이해와 공감이다. 인문학이라는 그 울림을 통해 우리는 해역을 바라보는 새로운 시선을 얻을 수 있으며, 그 안에서 지속 가능한 미래의 여정을 떠날 수 있을 것이다.

1부

이론으로서 해역인문학

'이론으로서 해역인문학'에서는 최근 다양한 관점에서 낱낱이 드러나고 있는 해역인문학의 정체성에 대해 밝혀보고자 하였다. 인문학의 여러 연구 방향성 속에 바다와 힌터랜드라는 공간적 관점과 억겁(億劫)의 세월을 겪으면서 견뎌 왔던 치열했던 바다의 시간을 추가하여 해역인문학의 외연을 확장하고자 하였다. 특히 인문학의 위기 속에 새로운 돌파구는 해역이라는 '장소성(Sense of Place)'과 '시대성(Sense of Time)'을 결합한 개념이 필요하며, 여기에 보다 풍성한 해역인문학 이야기가 펼쳐질 것이다. 이를 통해 해역이라는 공간과 그 속에 존재하는 시간, 다시 말해 시대를 투영시켜 설명할 수 있다. 다음으로 '해역인문학의 학문적 자리매김'에서는 해역 위의 모든 공간이 인문학 연구의 재료임을 인지하면서 사람, 언어, 문화 이 모든 것이 이 해역이라는 공간에서 이루어지고 있음을 강조하였다. 이렇게 유기적 관계 속에 갈등(葛藤)과 봉합(縫合)을 이룩해 가면서 재탄생되는 해역인문학의 설 자리를 찾아보고자 하였다.

1장

해역언어학의 개념과 정의

인문학의 정의와 역할

인문학을 넓은 의미로 표현한다면 인류의 문화적 자료의 생산 · 보존 · 해석에 관한 학문의 총칭이라고 말할 수 있다. 좁은 의미로는 자연과학이나 사회과학에 대해 철학 · 문학 · 역사 · 종교 · 언어 · 예술 등에 관한 학문을 말한다. 비슷한 뜻으로 인문과학(Human sciences), 정신과학(Moral science, Geisteswissenschaften)이란 용어도 존재한다. 자연과학이 지구에 존재하는 자연의 여러 현상을 살피고 실험함으로써 객관적인 법칙을 도출한다면 사회과학은 인간집단의 행동이나 사회적 제도를 주된 연구 대상으로 삼는다. 일정한 조건이거나 아니면 여러 조건을 찾아 밝힘으로 사회 구조를 파악한다. 두 학문 모두 실증적 방법에 의존하여 정량적인 데이터나 근거를 보여준다. 이러한 학문과는 다르게 인문학은 인간의 정신적인 활동이나 경험을 토대로 인간의 본성을 주로 탐구하는 정성적 학문이다. 일부 실천적 학문을 하는 연구자는 인문학은 주관화(主觀化)된 학문이라고 치부하여 객관화(客觀化)되지 않은 학문 분야라고 여기기도 한다. 인문학에서는 실험이나 통계에 의한 실증이 딱 맞아떨어지는 것은 아니다. 주로 문사철(文史哲)이라고 일컫는 문학 역사 철학에서는 문헌학적 방법에 입각하여 주장의 타당성, 설득성, 정합성을 통해 학문의 본질(Identity)을 보여주려 한다. 문헌을 바탕으로 한 개인의 해석을 통해 과거의 사실이나 인간의 감성 그리고 사상을 증명하려하기 때문에 인문학은 정형화하거나 객관적 방법이 쓰이지 않았다고 공격받는 경우가 많다. 하지만 반드시 객관적이고 실증적인 방법만으로 검증하는 것이 학문의 전부는 아니다. 인문학에서는 시공간적 상황 속에서 논리적 고찰이나 합리적 해석, 심미적(審美的) 판단에 근거한 가치 부여도 중요 포인트이다. 그러나 현대 사회에서 인문학은 실용적 가치와 경제적 재화(財貨)로서 가치가 부족하다는 비판을 받고 있다. 경제적 효율성이나 생산성이 강조되는 현대 사회에서 인문학은 그 가치를 증명하기 어려운 분야로 여겨지기도 한다. 하지만 인문학은 인간의 정신적, 문화적 유산을 보존하고 발전시키는 데 중요한 역할을 하며, 해역인문학은 이러한 인문학의 새로운 가능성을 제시하는 학문적 시도로 볼 수 있다.

인문학의 역사적 변천과 해역인문학의 가치

인문학은 고대 로마의 후마니타스(Humanitas)에서 시작된 개념으로, 인간의 도덕적 탁월성과 지적 완성을 추구하는 철학적 사상이었다. 이 개념은 14세기에서 15세기 르네상스 시대에 재조명되며, 유럽에서 인문주의의 기초가 되었다. 르네상스 시기의 인문학은 고대 그리스와 로마의 문헌을 재발견하고, 인간의 도덕적 가치를 강조하는 학문으로 발전하였다. 이후 18세기 독일에서 신인문주의가 부흥하며, 인문학은 인간성의 보편적 가치를 탐구하는 방향으로 발전하였다. 그러나 19세기와 20세기에 이르러 인문학은 실증적 연구 방법론을 도입하며, 역사와 언어를 과학적으로 분석하는 방향으로 변화하였다. 특히, 구조주의는 인간을 단순한 구조 일부로 인식하는 새로운 접근 방식을 제시하였으며, 이는 인문학의 전통적 개념에 대한 비판적 재검토를 유도하였다. 이러한 변화는 인문학이 더 이상 고전 문헌만을 연구하는 학문이 아니라, 현대 사회의 다양한 문제들을 분석하고 해결하는 데 기여할 수 있는 학문으로 진화하게 만들었다.

현대 인문학은 다문화주의(Multiculturalism), 젠더(Gender) 이론, 포스트콜로니얼리즘(Postcolonialism) 등 다양한 학문적 접근을 통해 인간의 보편적 가치를 탐구하며, 이를 통해 인류의 문화적, 사회적 문제들을 해결하는 데 기여하고 있다. 이러한 현대 인문학의 흐름 속에서 해역인문학은 바다라는 특수한 공간을 중심으로, 초국가적 시각에서 인간 사회를 분석하는 중요한 시도를 하는 중이다. 해역인문학은 이렇게 다양한 학문적 흐름 속에서 새로운 연구 영역으로 자리 잡아 가고 있다. 현대 인문학의 위기를 극복하기 위한 도전으로서, 해역인문학은 바다라는 공간적 요소를 중심으로 인간의 사회적, 문화적 관계까지 분석한다. 이론으로서 해역인문학은 바다와 육지의 상호작용을 중심으로 그 안에서 이루어지는 인간 활동을 통해 인류의 문화적, 역사적 변화를 분석한다. 이러한 접근 방식은 해역인문학이 단순히 해양을 연구하는 인문학에 그치지 않고, 복합적이고 사회적이면서 문화적인 현상까지 연구하는 데 중요한 역할을 하고 있다는 점에서 주목할 만하다.

2장

해역인문학의 학문적 자리매김

해역인문학의 새로운 지평

해역인문학은 전통적인 육지 중심의 인문학을 보완하고 확장하는 학문적 시도로 자리매김하고 있다. 이는 기존의 인문학이 국가나 육지 중심으로 인류의 역사와 문화를 분석해 왔던 관점에서 벗어나, 해역이라는 특수한 공간을 중심으로 인간의 상호작용을 분석하는 데 중점을 둔다. 이때 해역은 단순히 물리적 공간으로서의 바다가 아니라, 문화적, 경제적, 정치적 상호작용의 장으로 이해된다. 해역은 다양한 문화와 언어, 사상이 교차하는 장소이며, 이러한 교류는 새로운 형태의 문화적 융합과 충돌을 만들어 낸다.

언어를 비롯하여 많은 교류의 역사는 바다를 통해 이루어지고 있다. 해역인문학은 해역을 매개로 이동한 언어문화의 다양한 변종(變種)을 다루는 연구 분야이다. 동북아시아라든지 동아시아를 육지 및 국가 단위로 논의하였다면 해역에서는 바다와 육지라고 하는 관점을 동시에 집어넣어, 보다 크고 넓게 전지구(全地球)를 이해하고자 하였다. 해역(海域)을 통해 세계를 본다는 것은 육역(陸域)만이 아니라는 점에 착안한 것이다. 기존에 별개로 논의되던 육지와 바다를 아우르는 관점은 초국경, 국가, 지역의 다층적 수준에서 세계를 관망할 수 있는 틀을 마련하였다는 데 큰 의의가 있다.

해역이라고 하는 개념을 인문학으로 끌어왔을 때의 장점은 앞서도 몇 번이나 설명했지만, 기존의 육지 중심의 인문학적 이야기에서 벗어나 바다와 바다 위의 섬, 연해 지역, 그리고 배후지(Hinterland)라고 하는 넓은 범위를 커버할 수 있다. 다시 말해 관계성의 인문학을 탐구할 수 있고 개인 간, 지역 간, 국가 간의 인문학이 가능하다. 특히 가까운 동북아해역을 통해 세계를 관망할 수 있게 되는 것이며, 육지 단위에서 국가를 중심으로 논의하던 것과 달리 바다를 통한 인적, 물적 교류에 비로소 시선을 돌릴 수 있다.

해역 연구의 본질은 기존에 '소외(疏外)'되어 왔던 바닷가 사람들의 삶과 바다 위에서의 삶까지 관망할 수 있다는 점이다. 해역 연구라고 하는 것은 기본적으로 국경이라든지 경계 이런 것들을 넘어서는 이야기이며, 특히 한국, 중국, 일본, 대만, 러시아 등에서 인문사회과학 분야의 중심과제로 급부상하고 있다. 이러한 것들은 국가의 명운이 걸린 정치경제 정책 및 방향성과 연계되어 있기도 하다. 예를 들어 중국의 경우 '해양굴기(海洋堀起, Maritime Power, 바다를 통한 선진국 도약)'와 '일대일로(一帶一路, One Road-One Belt, 육·해상 신실크로드경제권)'라는 커다란 명제 앞에 해역인문학의 주제도 정책적 아젠다(Agender) 안에서 연구되고 있다. 일본의 경우에는 '아시아교역권'이라는 대주제로 해역 연구가 예전부터 진행되어 오고 있다. 아시아교역권은 동아시아, 동남아시아, 남아시아 등 아시아 지역을 중심으로 한 경제 및 무역 네트워크를 의미한다. 이 지역은 역사적으로 해상 실크로드를 통해 물자와 문화의 교류가 활발히 이루어졌으며, 오늘날에도 글로벌 무역에서 중요한 위치를 차지하고 있다. 이러한 아시아교역권은 다양한 국가 간의 상호 경제적 의존을 바탕으로 성장했으며, 특히 중국, 일본, 한국, 동남아시아 국가들이 주요 교역국으로 자리 잡고 있다. 따라서 일본의 해역인문학 연구에서는 이러한 네트워크 중심의 심도 있는 연구를 진행하고 있다. 또 러시아 경우에도 '극동 정책'과 '해양영토분쟁'이라는 관심 주제를 통해 해역인문학을 추진하고 있다.

한국의 경우에는 '신북방정책', '신남방정책', '동아시아론' 등 여러 해양과 관련된 정책과 연동하여 연구가 진행되고 있다. 그렇다면 좀 더 구체적인 한국의 해역인문학적 연구는 어떠할까?

현재 한국 인문학 분야의 트랜드는 지역 관련 연구와 사회과학이 접목된 인문학 집단연구(HK, HK+, 중점연구소) 등 다양한 관점에서 진행되고 있다. 특히 '네트워크'를 통한 초국가·국가·지역 단위의 연결 및 관계성에 주목하기도 한다. 이 가운데 해역인문학 연구의 쟁점으로는 우선 해양과 해역 관점에서의 접근하는 연구가 시도되고 있으며, 또 역사, 문화 관점에서 지역을 고찰하는 연구가 있다. 그리고 로컬과 로컬리티(Locality) 맥락에서의 연구도 활발히 진행되고 있다. 마지막으로 실천적 사례를 통한 해역인문학적 연구도 활발히 진행되고 있다.

해역인문학적 연구의 핵심 주제와 키워드를 살펴보면 우선 지식교류라는 부분에서 사상, 제도, 정보, 서적 유통 등에 관한 키워드가 눈에 들어온다. 그리고 예전부터 서민의 문화를 다루는 부분에서는 언어와 해역을 바탕으로 하는 기층문화, 대중문화, 소프트파워 등에 관한 연구가 활발히 진행되고 있다. 그리고 이주 관련 연구에서는 모빌리티(Mobility), 디아스포라(Diaspora), 식민(Colonialism), 조계(租界), 교류 등이 연구 키워드로 거론될 수 있다. 또 교통지리학(Transport Geography) 입장에서 교통망, 교통수단, 표류, 해운, 항로, 교섭 등의 키워드로 연구가 진행되고 있다. 마지막으로 지속 가능한 해역인문학 연구에서는 인적 물적 교류의 역사, 외교적 확장, 해역인문학의 미래 등에 대해 고민해 볼 수 있다. 이렇게 해역인문학의 연구 영역은 매우 광범위하며 인접 학문과의 접점도 많아 협동 연구가 충분히 가능하다. 결국 해역인문학을 한마디로 정의해 보면 '해역과 관련된 일련의 인문학 전 분야'라고 할 수 있다. 기존의 인문학에 사회과학 등이 더해질 수도, 사회과학에 인문학이 더해질 수도 있다. 따라서 '해역을 매개로 한 말과 언어문화의 이동을 연구'하는 분야라면 해역언어학이라고 부를 수 있다. 그리고 사회현상 등을 다루는 해역사회학, 사학 입장에서 해역을 바라보는 해역역사학, 문학작품을 통해 해역을 해석하는 해역문학 등이 존재한다.

　이 책에서는 해역 위의 언어풍경이라는 부제가 붙은 만큼 해역언어학에 초점을 맞추어 살펴보고자 한다. 해역언어학을 다시 한번 설명하면 '해역'이 매개가 되어 바다를 건너온 언어나 해역(어촌, 해안가 등) 공간 속에서 사용되는 언어문화를 다루는 분야로 볼 수 있다. 쉽게 이야기하면 해역인문학 속 언어에 얽힌 연구를 진행한다고 보면 될 것이다. 또 해역인문학에서 인적 물적 네트워크를 주요 관심 포인트로 둘 수 있는데, 여기에는 교통과 지리 부분이 매우 중요하다. 근대 이후 사람들의 만남과 교류는 주로 배를 타고 움직이는 것이었고, 해역을 따라 움직였던 지리적 특성을 파악한 후에 해역인문학적 관점에서 자세히 들여다보는 것이다. 특히 근대 이후에는 서양인들뿐만 아니라 동아시아인들의 상호 교류가 많았기 때문에 이를 관찰하는 것도 매우 흥미롭다. 해역 길을 따라 사람과 물건이 이동한 것을 먼저 파악하고 함께 전래된 용어 탐구도 매우 흥미롭다. 지리·지형학적 인구 분포와 국민의식과 같은 실증적 데이터로 쉽게 해역인문학을 조망할 수도 있다. 어떻게 보면 이것이야말로 해역인문학이 앞으로 추구해 나갈 방법론적 스타일일 것이다.

해역인문학에서 무엇보다 중요한 건 로컬의 가치이다. 로컬 연구는 해역인문학과 지역의 연결고리가 되어주기 때문에 해역인문학의 시발점(始發点)은 '로컬'에서부터여야 한다. 해역인문학을 통해 해당 지역에서 귀중한 인문학적 가치를 발견할 수 있다.

바다와 인접한 지역은 인적 물적 이동이 거세게 일어나는 곳이다. 특히 부산이 그러하다. 부산을 중심으로 살펴본다면 사람에게 그리고 지역색에 화통(火筒)한 성격과 혼종(混種) 그리고 다양성(多樣性)의 바다 내음이 풍긴다. 이렇게 복잡하고 다중적 요소가 담긴 로컬의 진정한 가치를 발견하기 위해서는 해역인문학적 어프로치가 필요하다. 희로애락(喜怒哀樂)을 담고 있는 인문학, 그 안에 무엇보다 방울방울 응축된 역동성이 담겨 있는 것은 단연 해역인문학이다.

해역언어학의 정서적(情緒的) 가치

2011년 3월 11일 충격적인 동일본 대지진이 발생했다. 일본 동북부를 강타한 지진은 쓰나미를 몰고 왔고, 도호쿠 지방 중심

도시인 센다이(仙台)와 그 주변을 폐허로 만들어 버리고 말았다. 특히 이 지진으로 많은 피해를 입은 게센누마(気仙沼), 미나미산리쿠(南三陸), 리쿠젠다카타(陸前高田) 등은 필자가 대학원 시절 연구를 위해 매년 염천(炎天) 속에 인터뷰 또는 문헌을 뒤지는 방법으로 방언 조사를 하며, 그 지역의 특징 있는 해역의 언어경관 모습을 촬영했던 곳이기에 남다른 아픔이 존재한다. 사실 당시 그곳은 인문학자로서 당연하게 즐기던 매우 흥미로운 연구 놀이터였다. 하지만 동일본 대지진을 겪은 피해 지역에서 촬영한 언어경관 속 마을 모습은 가슴 한구석이 매우 먹먹하게 만들었다. 모든 것을 한순간에 쓸어가 버린 쓰나미가 해역 마을의 언어경관을 남겨둘 리는 없었다. 인문학자로서 뒤늦은 생각이지만 그때라도 해역 마을의 언어를 조사하기 잘했다는 생각과 허투루 하지 않고 꼼꼼하게 지역 주민의 목소리를 담았다는 자긍심은 있다.

사실 각박하고 돈이 되지 않는 열악한 상황 속에서 인문학은 빵 한 조각만 한 가치도 없을 수 있다. 가령 전쟁터에서 역사학이, 문학이 무슨 소용이 있겠는가, 철학적 사상 이야기를 어디에서 설파(說破)하겠는가. 하지만 역시 인간이 인간답기 위해서는, 인간으로서의 풍요를 누리기 위해서는 인문학은 위기에서 치열하게 탈출하지 않으면 안 된다. 이것이 우리가 인문학을 버릴 수 없는 까닭이다. 필자의 전공은 인문학 분야 중 사회언어학이다. 한국과 일본 사회에서 언어가 어떻게 변화하는가를 살펴, 이에 따른 현상을 규명하고 기록하는 것이 주된 연구 내용이다. 지역 방언 및 사회 방언의 변이를 쫓는 연구라고 설명할 수 있는 분야다. 이 사회언어학 분야에서 현재는 해역언어학 연구 테마를 개척하고 있다. 앞서 설명한 것처럼 해역언어학은 해역이 매개가 되어 사회와 언어의 관계성을 밝히는 것이라고 볼 수 있다. 이러한 해역인문학에서 해역언어학의 언어학적 가치는 얼마일까 고민하게 된다. 기존 인문학의 언어학 분야에서는 소위 세계 모든 언어가 평등하다고 말한다. 하지만 실제로는 잘 팔리는 언어와 그렇지 못한 언어가 암묵적으로 존재한다. 그렇다면 누가 이 언어에 가격을 매기는 것일까. 아마도 시대적 흐름에 따라 그 값이 달라져 왔을 것이다. 예를 들어 일본에서 바다를 통한 외래어 유입 패턴을 살펴보면 포르투갈로부터 서양문물을 받아들였던 무로마치(室町) 시대에는 포르투갈어가, 그 후 네덜란드와 교역이 있었던 에도(江戸)시대에는 네덜란드어가, 메이지유신(明治維新) 이후에는 영어가 가장 가치 있는 언어로 일본 사회에 받아들여졌다.

물론 바다를 통한 외래어(外來語)의 유입이 일본어에만 적용되는 것이 아니다. 한국어에서도 크게 다르지 않다. 19세기 말 문호를 개방함과 동시에 바다를 통해 한국으로도 물밀듯이 유입된 많은 외국어가 똑같이 소중한 대접을 받은 것은 아니다. 그 시대를 움직이는 대세에 따라 새로운 유행이 나타나게 되고, 그 유행을 따르지 못한 언어들은 제대로 대접을 받지 못하게 됐다. 세계의 모든 언어가 똑같이 소중한 대접을 받아야 한다는 것이 이상적이라는 데에 이견(異見)이 있을 수는 없지만, 이러한 언어에 서열이 매겨지고 있는 것이 현실이다.

언어뿐 아니라 대부분 학문에도 흐름과 대세라는 실상은 존재한다. 국제화 시대라고들 말하는 현재는 실용적 학문, 엄밀히 말하면 물질 위주의 학문이 대세인 것 같다. 물질 만능 배금주의(拜金主義) 사상에 결과를 빨리 얻고자 하는 현대인들의 성급함이 만들어 낸 학문의 유행 양상이다. 따라서 인간중심의 인문학은 뒷전으로 밀려나게 되었다. 너무나도 빠르게 변하는 세상에 인문학 타령을 한다는 것이 너무 여유로운 것 아니냐고 여기는 사람도 있다. 그러나 이는 단순히 여유의 문제가 아니다. 인문학은 인간이 인간이기 위한, 인간다운 풍요를 누리기 위한 학문이다. 설령 많이 양보해서 인문학이 타 학문에 비해 여유로운 학문이라 할지라도, 그 여유가 인간을 인간이게 만드는 것이며 풍요롭게 하는 것이다. 성급함 속에서는 창의도, 창조적 성과도 없다. 인문학적 심오한 사고가 새로운 방법을 통해 결과를 얻는다. 거꾸로 생각해 보면 인문학의 발전이 물질문명의 발전까지 가져온다는 말이 된다.

동일본 대지진의 거대한 쓰나미에 휩쓸려 사라지기 전 일본 동북부 해역 마을에는 많은 언어문화 가치가 존재했을 것이다. 불행 중 다행히 극히 일부지만 그것은 필자의 인문학적 기록과 조사 덕에 그 당시 해역 언어에 관한 인문학적 유산이 조금 남아 있다. 이러한 연구 내용이 자의든 타의든 해당 지역 문화 보전에 조그맣지만 기여하고 있다는 점에서 인문학의 정서적 가치를 새삼 깨닫게 된다. 그리고 해역인문학을 탐구하기 위해 흘리는 땀과 노력은 지속되어야 한다는 명분을 줄 것이다. 인간이 인간 되고 인간다운 삶을 영위하기 위해. 인문학이 위기에서 벗어나야 할 이유가 여기에 있다. 어떻게 보면 세상의 눈으로 보았을 때 돈이 되지 않는 해역인문학이라는 새로운 연구 분야에, 굳이 매달리고 집착하는 이유가 여기에 있고, 인간성 상실의 시대에 국가와 사회가 인문학 발전에 힘을 보태야 할 이유가 바로 이것이다.

자료로서 해역인문학

해양 해역 바다

개항장 항구 부두 교류

방언 상소성 어촌

언어교섭 세관 조수

항구 동북아 기적

상청이그베

하코다테 인천 부산

2부 '자료로서 해역인문학'에서는 다양하게 기록된 해역 언어와 일상 속에 흩어져 있는 해역 언어를 살펴보고자 하였다. 특히 기록된 해역 언어에서는 바다를 건너온 도래 작물명과 지역의 사투리를, 현장 속 기층 언어에서는 물고기 이름과 관련된 이야기를, 그리고 일상 속 해역 언어 이야기에서는 바다를 건넌 물질의 이야기를 추적하면서 해역인문학과 언어문화가 얽혀 있는 실타래를 풀어 보고자 한다. 특히 사투리와 해역이라는 공간적 관계는 매우 긴밀하다. 지금까지 인문학 연구에서 소홀히 다루어 왔던 지역 언어의 변이형 기록을 살펴봄으로써 해역언어학의 무한 확장 가능성을 모색하고자 하였다.

3장

기록 속에서 본 해역 언어의 흔적

 이번 장에서는 해역인문학 속에서 해역언어학에 초점을 맞추어 기술하고자 한다. '해역언어학'이란 앞서 설명한 것처럼 '말과 언어문화의 이동을 연구'하는 분야로, '해역'이 매개가 되어 바다를 건너온 언어나 일상생활 속에서 사용되는 외래 언어문화를 주로 다루고 있다. 바다를 건너온 수많은 말 가운데 유구(悠久)한 역사를 지닌 작물에 대해 설명하겠다. 특히 도래작물(渡來作物)로 불리는 구황작물(救荒作物)을 중심으로 설명한다. 왜 이 작물군에 주목하는가 하면 이들 작물은 바다를 건너 이동한 경로가 매우 역동적이기 때문이다. 주로 중남미에서 재배되던 작물이 대서양을 건너 유럽으로 건너갔고, 나중에 유럽에서 아시아로 전래되었다. 또 같은 아시아권역이라도 일본 또는 중국을 중심으로 확산하는 과정을 고찰할 필요가 있다. 도래작물의 전래도 중요한 요소이지만 아시아권 내 작물명의 이동에 대해서도 논의해야 한다. 그동안 선행연구에서는 도래작물의 단순 경로나 전래된 궤적에 주목한 경우가 많았다. 이 책에서는 유럽에서 바다를 건너 아시아에 정착한 도래작물명 중 공통적으로 사용되고 있는 어휘를 해역언어학적 입장에서 고찰하고자 한다. 다만 모든 도래 작물에 대해 언급하기는 어렵다. 그래서 일부 작물을 바탕으로 유입과 정착 속에 나타난 어휘적 특질에 대해 밝히는 것이 이 책의 목적이다.

해역 언어학적 관점에서 본 도래작물의 명칭

먼저 도래작물의 역사에 대해 설명하면 도래작물은 중남미에서 유럽을 경유하여 일본이나 중국에 정착한 작물이 많다. 특히 일본의 도래작물명에는 바다를 건너온 경로나 지명 표시가 많이 남아 있다. 예를 들어 호박(カボチャ), 감자(じゃがいも), 고구마(さつまいも), 땅콩(ピーナッツ, 落花生), 옥수수(とうもろこし), 고추(唐辛子)의 명칭은 작물의 유래나 정체성을 나타내는 말이다.

이 가운데 지명을 포함한 도래작물의 명칭은 다음과 같다. 감자의 경우 인도네시아 자카르타를 경유해 들어왔기 때문에 자카르타+덩이줄기(じゃが+いも)의 조어(造語) 형태로 감자라 불리게 됐다. 호박(カボチャ)의 경우는 캄보디아라는 나라 이름에서 유래했다. 호박은 캄보디아의 산물로 포르투갈인에 의해 일본 규슈

도래작물 종류

지방에 전래되었는데, 캄보디아산 참외과 식물(오이, 참외 등)이라는 명칭에서 캄보디아+참외과 식물(カボチャ+ウリ)로 불리다가 나중에 음 탈락시켜 호박(カボチャ) 형태로 사용하게 되었다. 또 호박의 별칭으로 난킨(ナンキン) 또는 당+가지(唐+ナス)라는 이름이 사용되었다. 여기서 언급한 것처럼 포르투갈인에 의해 바다를 건너 전래된 작물에는 당(唐)이라는 접두사가 곳곳에 사용되었다.

그런데 '호박'의 한국 방언형에서는 일본과의 접점이 나타나지는 않는다. 호박이라는 어원을 살펴보면 그 이유를 알 수 있다. '호박'이라는 어원은 전통적 식문화와 관련이 깊다. 원래 '호박'은 한자어 '琥珀(호박)'에서 유래했는데, 본래는 황갈색의 보석인 '호박'을 뜻했다. 이후 이 단어가 농작물에 적용되면서, 색깔과 크기가 보석과 유사한 '늙은 호박'을 가리키는 명칭으로 변형된 것이다. 오늘날 우리가 먹는 호박은 다양한 품종으로 재배되며, '늙은 호박'이나 '애호박'으로 구분되지만, 그 명칭의 뿌리는 고대부터 전해 내려온 자연의 형태와 색깔을 담고 있다. 따라서 호박의 방언형으로는 크게 변이형이 많이 존재하지 않지만, 경상도에서는 '호박' 대신 '늙은 호박' 또는 '너근 호박'이라는 표현이 쓰인다. 전라도에서는 '노랑 호박'이나 '박 호박'으로 불리기도 하고, 제주도에서는 '왕 호박'이라는 독특한 명칭이 사용되기도 한다. 이러한 방언형은 애호박의 명칭에는 해당이 없기 때문에 다른 도래작물에 비해 매우 변이형이 적은 편이다. 이처럼 '호박'이라는 단어는 바다를 건너온 도래작물이긴 하지만 단순한 농작물이 아닌, 우리의 역사와 문화적 배경을 함께 담고 있는 용어다.

다음으로 땅콩(Peanuts)의 경우 아메리카 대륙에서 스페인을 경유하여 필리핀 그리고 중국을 통해 일본과 한국에 정착한 도래작물이다. 땅콩의 경우 영양분이 없는 토양에서도 잘 자라고 다른 작물과 달리 매년 재배해도 땅이 비옥해지는 효과가 있어 중국에서 많이 재배했다. 땅콩을 뜻하는 한자 '낙화생(落花生)'은 원래 한자로 '꽃이 떨어진 뒤 씨방(子房) 자루가 뻗어 땅속으로 들어가 열매를 맺는 것'에서 유래되었다. 중국식 한자어가 도래작물인 땅콩의 옛 이름으로 한국과 일본에서 사용되어 왔다. 땅콩은 에도시대 초기에 중국을 거쳐 도래했기 때문에 '난킨+마메(南京+豆)'라는 별칭도 붙었다. 남경(南京)이라는 말은 다른 작물이나 추후에 언급하겠지만 수산물명에 붙어 중국을 경유하거나 중국에서 건너온 작은 것을 나타내는 의미로 사용하고 있다. 공교롭게도 한국에서도 일부 지역에서 땅콩을 남경두(南京豆)라고 부른다. 앞서 언급한 것처럼 당(唐)은 주로 외래의 것을 의미하며, 넓은 의미에서 중국의 것도 포괄한다. 그러나 땅콩의 경우는 중국에서 왔다는 루트를 명확히 제시하고 있다. 일본에서는 중국 또는 외국에서 왔다는 의미의 '당(唐)'이라는 한자를 붙이지만, 한국에서는 예전에 오랑캐를 일컫던 말의 '호(胡)'를 붙인다. 이 호(胡)를 붙인 말 중에 우리가 잘 알고 있는 단어로는 호떡이 대표적이다. 어찌 되었든 한국에서의 땅콩의 방언형은 지역에 따라 다음과 같이 불린다. 경상도에서는 호(胡)를 붙여 '호(胡)콩'이나 '호콩알'이라는 표현이 사용된다. 전라도에서는 '날콩'이나 '지(地)콩'으로도 불린다. 제주도에서는 '고다콩'이라는 독특한 명칭이 있는데, 이는 땅콩의 크기와 형태를 반영한 명칭으로 알려져 있다. 충청도와 강원도 일부 지역에서는 '돌콩'이나 '흙콩'이라는 이름으로도 쓰인다.

고구마의 경우는 중남미가 원산인데, 에도 시대에 류큐(琉球) 왕국을 거쳐 사쓰마번(薩摩藩)으로 전해져 재배된 것에서 '사쓰마이모(サツマイモ)'로 명명되었다. 이 고구마의 명칭에는 흥미로운 점이 있다. 한국과 중국 그리고 일본에서 공통적으로 '감저'라는 말을 쓴다. 동아시아에서 통용되는 이 작물명은 한국의 경우 '감저(甘藷)'로 사용되다가 나중에 원래 사용된 감자라는 어휘와의 동음 충돌 때문에 고구마로 정착하게 되었다. 다만 이 고구마의 명칭도 일본어 방언인 '효행(孝行) 고구마(芋)'에서 유래하였는데, 효행 고구마의 일본어 발음이 고코+이모(コウコウ+イモ)이다. 고구마는 조선 영조 때 조선통신사 조엄이 일본 쓰시마(대마도)에서 목격하고 이듬해 제주도와 부산 동래에서 기르기 시작했다고 알려져 있다. 이렇게 어원도 일본을 경유하여 우리나라에 전래되어 현재 고구마 형태의 발음으로 정착되었다고 볼 수 있다. 한국어에서 '고구마'를 지칭하는 방언은 지역마다 다양하다. 예를 들어, 경상도에서는 '고마'나 '참감자'로 불리며, 전라도에서는 '고매' 또는 '감자 고마'라는 이름으로 사용된다. 제주도에서는 '감저'라는 표현이 널리 퍼져 있으며, 강원도에서도 '고메'라는 방언형이 존재한다. 충청도 역시 '감재' 또는 '고메'라는 단어로 고구마를 부르고, 수도권과 서울에서는 주로 표준어인 '고구마'가 사용된다. 전국적으로 사용된 '고매'나 '고마' 등은 효행 고구마의 일본어 흔적으로 볼 수 있다.

다음으로 생산성이 매우 높고 재배가 수월하여 신대륙의 선물로 불리는 옥수수에 대해 설명하겠다. 옥수수는 세계 각국에서 다양한 명칭으로 불리지만, 한국에서 '옥수수'라는 이름이 사용된 배경에는 복잡한 역사와 문화적 교류가 얽혀 있다. 옥수수는 일반적으로 콘(Corn) 또는 메이즈(Maize)로 불리며, 학명은 Zeamays L이다. 이 학명의 구성에서 Zea는 곡물을 의미하고, mays

는 아메리카 원주민이 사용한 호칭에서 비롯되었다. 마지막 L은 이 식물을 분류한 스웨덴의 유명한 식물학자 Linne의 이니셜을 따서 만들어졌다. 이 옥수수도 중남미가 원산이며 콜럼버스의 신대륙 발견 이후 유럽으로 전파되었다. 콜럼버스가 종자(種子)를 스페인에 들여온 후, 옥수수는 빠르게 유럽 각지로 퍼졌으며, 프랑스, 이탈리아, 터키, 서북아프리카로 확산되었다.

아시아에는 16세기 중반에 도착했으며, 중국에는 포르투갈을 통해 들어왔거나 아프리카에서 티베트를 경유하여 전파되었을 것으로 추정된다. 동남아시아 지역에는 필리핀과 인도네시아를 거쳐 스페인으로부터 직접 전해졌다고 알려져 있다. 일본에는 1579년 포르투갈인이 나가사키(長崎)에 옥수수를 전파했으며, 시코쿠(四国)와 후지산(富士山) 산기슭의 산간지대에서 재배가 시작되었다. 일본에서 본격적인 옥수수 재배는 1868년 메이지유신 이후, 미국으로부터 우수한 품종을 들여오면서 홋카이도(北海道)에 정착하였다. 당시 재배된 품종은 '플린트콘'으로, 이를 삶거나 분말로 만들어 떡으로 먹었다는 기록이 남아 있다.

옥수수라는 명칭의 유래는 '옥촉서(玉蜀黍)'에서 비롯되었다. '옥촉서'는 알갱이가 옥처럼 빛나는 촉서를 의미하는데, 여기서 촉서란 중국 삼국시대 촉나라에서 온 '수수'를 뜻했다. 이 명칭은 일본에서 줄여져 수수의 일본어인 '기비(きび)'로 불리게 되었고, 이후 '당(唐)'의 수수라는 뜻으로 '도+키비(とう+きび)', '옥수수'라

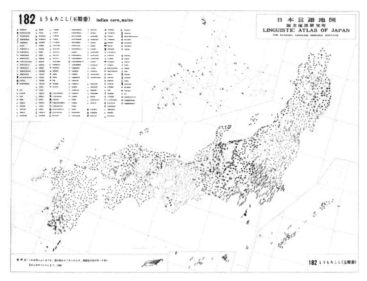

옥수수의 일본 언어지도(LAJ) (출처: 国立国語研究所)

고 부르게 되었다. '도키비'는 일본에서 '옥수수'를 가리키는 방언 중 하나로, 주로 홋카이도 지역에서 사용되는 명칭이다. 표준어 'トウ+モロコシ(도+모로코시)'가 홋카이도에서는 '도키비(とう+きび)'라는 고유한 방언형으로 사용된다.

옥수수의 어원에 대해 다시 한번 설명해 보면 아메리카 대륙에서 전래된 옥수수가 중국을 경유해 일본에 도착하면서, 중국을 뜻하는 '당(唐)'과 '수수'를 의미하는 '黍(기비)'가 만나 파생된 것이다. 따라서 '도키비'는 '당서(唐黍)'에서 유래된 표현으로 중국을 통해 들어온 새로운 작물을 의미하고 있다. 한국에서 사용되는 '옥수수'라는 명칭도 중국에서 유래되었다고 볼 수 있다. 한국에서는 옥수수를 '촉서(蜀黍)'라고 부르기 시작하였고 오랜 옛날부터 재배되었다. 열매는 식량, 과자, 술, 떡 등의 원료로 사용되었고, 줄기는 건축 재료로도 활용되었다. 따라서 옥수수는 아메리카 대륙에서 시작하여 전 세계에 걸쳐 다양한 명칭과 형태로 자리 잡았으며, 한국에서도 다양한 용도로 사용되며 오랜 역사적 배경을 지니고 있다.

이 책에서는 해역언어학적 관점에서 도래작물명을 통해 유입 경로를 살펴보았다. 구대륙에서 신대륙으로 이동하고, 다시 동아시아로 이동하는 과정 중 변화하는 도래작물의 어휘적 특징을 확인할 수 있었다. 지면상 도래작물 전체를 다룰 수는 없었다. 다만 도래작물 중 구황작물의 경우 기본적으로 어느 토양에서도 잘 자라고 생산성이 높다는 면에서 동서고금(東西古今)을 막론하고 적극적으로 재배하는 것으로 나타났다. 그런 이유 때문에 구대륙에서 신대륙으로의 이동은 매우 빠르게 진행되었다고 볼 수 있다. 따라서 동북아 해역권에서는 이를 가리키는 명칭도 비슷함을 확인할 수 있었다. 도래작물은 바다를 건너 이동하면서 이름에 흔적을 남긴다. 즉 각각의 작물에는 이동해 왔다는 레테르(지역명과 외래종)가 붙어 있다. 지금까지 설명했던 감자, 고구마, 호박, 땅콩, 옥수수 등의 명칭이 바로 적절한 예이다. 또 전래된 작물 중에는 중국에 먼저 들어온 작물도 있고, 일본에 먼저 도착한 것도 존재한다. 비록 많은 사례를 자세히 다루지 못했지만, 앞으로 아시아의 해역언어학적 전파와 교류라는 측면에서 면밀하게 검토할 필요가 있을 것이다.

4장

현장에서의 해역 언어

다음 '현장에서의 해역 언어'에서는 해역인문학과 가장 지근(至近) 거리에 위치하여 기층문화(基層文化)의 전모(全貌)를 담고 있는 어촌의 해역언어학적 현상을 소개하고자 한다. 우리는 언어 교섭(交涉)과 언어전파(傳播)로 형성된 언어 변이형의 실체를 임장감(臨場感) 넘치는 해역현장의 언어를 통해서만 되짚어 볼 수 있다. 해역인문학 중 해역언어학의 보고(寶庫)는 바다를 둘러싼 모든 공간이다. 그래서 그 공간에는 사람이 그리고 언어가 존재한다. 특히 그 교류의 장, 그곳은 자의건 타의건 혼종의 공간이 될 수밖에 없다. 기층문화 연구에서 혼종(混種), 다시 말해 '섞임'은 매우 흔한 일이다. 사람들이 언어적 유사성이나 직관에 의해 단어의 기원이나 의미를 잘못 추정하면서 형성된 어원 즉 민간어원(Folk Etymology)과도 혼돈되기도 하고, 또 다른 외부 조건에 따라 변화하기도 한다. 그래서 해역현장 특히 어촌지역 특히 수산물 속에 나타나는 교섭의 언어 형식, 잔존(殘存) 일본어에 대한 현황을 파악하고, 언어 전파가 어떻게 이루어졌는지를 살펴보도록 하겠다.

수산물 명칭 속에 해역 언어의 흔적

한국은 삼면이 바다로 둘러싸인 반도 국가이며, 수산업이 오랜 시간 동안 경제와 문화의 중요한 축을 형성했다. 이에 따라 어촌 생활에서 사용하는 언어 역시 독자적인 발전을 이뤘으며, 해역 활동에 기반한 다양한 어휘가 자연스럽게 형성되었다. 그러나 20세기 초 일본의 식민 지배는 어촌 생활뿐 아니라 한국 전역의 언어문화에 깊은 영향을 미쳤다. 특히 수산업 분야에서는 일본어가 어휘 체계에 깊이 침투하여, 오늘날에도 많은 수산물 명칭에서 일본어 흔적을 찾아볼 수 있다. 따라서 이 장에서는 한국 어촌에서 사용되고 있는 수산물 명칭 속에 남아 있는 일본어의 잔재를 살펴보고자 한다. 언어는 한 사회의 문화적 접촉과 변화 양상을 그대로 반영하는 중요한 매개체이다. 수산물 명칭 속 일본어의 잔존은 단순히 언어적 교섭뿐만 아니라, 한국과 일본 간의 역사적, 문화적 교류와 억압의 결과로 볼 수 있다. 따라서 이러한 잔존 일본어의 사례를 통해 어촌 생활의 변화 양상 및 그리고 해역언어학의 새로운 가능성을 타진하고자 한다.

연구 방법 및 자료

이 장에서 사용하는 자료는 국립국어원 민족생활어 사업단에서 진행한 '어촌생활어 조사' 데이터를 바탕으로 이루어졌다. 이 데이터는 2010년부터 2012년까지 동해, 서해, 남해, 제주해에 거주하는 50~60세 이상의 어업 종사자들을 대상으로 수집된 구술 채록 자료를 포함하고 있다. 각 지역에서 3대 이상 어촌 생활을 이어온 주민들을 인터뷰함으로써, 그들이 일상적으로 사용하는 어휘 속 일본어 잔재를 파악할 수 있었다. 연구 대상 지역은 동해의 경주, 강릉, 평창, 울릉도, 서해의 부안, 영광, 태안, 외연도, 남해의 남해, 해남, 욕지도, 가덕도, 제주해의 비양도, 우도, 추자도 등으로 나누어 조사되었다. 자료는 학문적으로 신뢰할 수 있는 공신력 있는 국가기관의 정제된 데이터라는 점에서 의의가 크며, 어민들의 생생한 구술 자료를 바탕으로 어업과 수산물 명칭 속 일본어의 흔적을 철저히 분석할 수 있었다.

잔존 일본어의 어휘적 특성

언어 접촉은 사회적, 문화적 변화와 밀접한 관계를 맺고 있다. 특히 일제강점기 시절 일본어는 대한민국 전역에서 강제적으로 사용되었으며, 어촌에서도 일본어의 잔재가 남아 있는 것은 이러한 역사적 배경과 무관하지 않다. 예전 어촌은 경제 활동의 중심지로서 외부의 영향을 상대적으로 많이 받을 수밖에 없었고, 일본어는 이 시기에 어업과 수산물 관련 어휘로 깊숙이 침투했다. 한국은 대륙 쪽으로는 산맥으로 가로막혀 있다. 하지만 일본과는 바다를 통해 활발하게 교류했다는 지리적 특성이 있어 어휘 또한 발달해 있다. 그래서 일본어가 수산업과 어업 도구, 해양생물 명칭 등 다양한 분야에서 차용(借用)되었으며, 이러한 차용어(借用語)는 시간이 지나면서도 여전히 어민들 사이에서 자연스럽게 사용되고 있다. 이러한 언어적 잔재가 어촌의 생활 문화 속에서 어떠한 형태로 유지되고 있는지, 그리고 그 발음과 의미가 어떻게 변형되었는지 살펴보았다.

일본어 잔존의 유형

수산물 명칭에 남아 있는 일본어의 잔존 형태를 크게 네 가지 타입으로 분류할 수 있다. 첫째, 일본어 원형이 그대로 남아 있는 경우이다. 둘째, 일본어 일부가 차용되어 한국어와 혼합된 형태이다. 셋째, 일본어가 축약되거나 변형된 발음으로 사용되는 경우이다. 넷째, 일본어와 유사한 형태적 특징을 가진 한국어 단어들이 동일한 의미로 사용되는 경우이다. 대표적인 몇 가지 사례를 소개하면 다음과 같다.

오징어를 가리키는 '이카(いか)', 감성돔을 의미하는 '지누(ち
ぬ)' 등이 있다. 이러한 단어들은 일본어의 원형이 거의 변형되지
않고 사용되고 있으며, 어민들은 이들 단어의 기원을 일본어로
인식하지 못한 채 일상적으로 사용하고 있다. 또 일본어에서 차
용된 일부 단어들은 축약되어 사용되기도 한다. 예를 들어, 작은
멸치는 '지리멘 쟈코(ちりめんじゃこ)'에서 '지리메'로 축약된 형태
가 사용된다. 이러한 단어들은 발음상의 편의에 따라 변형되었으
며, 한국화된 일본어라고 볼 수 있다.

지역별 잔존 일본어

제주 해역과 동해안에서 이루어진 조사에서는 주로 수산물
관련 일본어 잔재가 발견되었
다. 제주 비양도에서는 붕장어
를 '아나고(穴子, あなご)'로, 경
북 경주에서는 성게를 '구시(く
し)'로 부르는 일본어 표현이 확
인되었다. 또 남해에서는 작은
멸치를 '지리메(ちりめ)'로 부르
는 등 일본어가 그대로 사용되

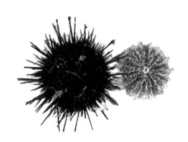

성게(구로): 까맣고 가시가 길고 큼(좌),
아카: 작은 밤송이 모양(우)

고 있었다. 이와 같은 잔존 일본어는 어민들의 일상생활 속에 자연스럽게 남아 있으며, 그들은 이러한 표현이 일본어라는 사실을 인식하지 못한 채 사용하고 있는 경우도 많았다. 동해 강릉, 서해 태안 등에서 이루어진 조사에서는 성게의 종류를 구분하는 데 일본어 명칭이 사용되고 있음을 확인할 수 있었다.

예를 들어 성게를 '아카(あか)'와 '구로(くろ)'로 구분하는 표현은 성게의 외형적 특징을 기준으로 한 일본어에서 차용된 것이었다. 이는 성게의 색상과 모양에 따라 일본어 명칭이 한국어와 유사하게 사용되고 있음을 보여준다. 또 서해 충남 지역에서는 감성돔을 '구로다이(黑鯛, クロダイ)', 적돔을 '아카다이(赤鯛, アカダイ)'로 부르는 일본어 명칭이 확인되었다. 이는 일본어 명칭이 어촌 사회에서 특정 어종(魚種)을 구분하는 주요한 기준으로 사용되고 있음을 시사한다. 다른 조사는 동해 울릉도, 남해 욕지도, 제주해 추자도 등에서 이루어졌으며 가장 많은 일본어 잔재가 발견되었다. 특히 감성돔을 가리키는 '지누(ちぬ)'와 방어 새끼를 '하마치(はまち)'로 부르는 명칭은 일본어에서 기원한 것이며, 오늘날에도 어민들 사이에서 빈번히 사용되고 있다. 또 마른오징어를 '스루메(スルメ)'라고 부르는 등 일본어가 그대로 사용되고 있는 예도 다수 확인되었다. 이 외에도 일본어로 '사바(鯖 サバ)'는 고등어인데 작은 사이즈를 '난킨사바(南京サバ)'라고 부른다. 앞서 설명한 도래작물 땅콩에서도 그 어원이 등장했는데 일본에서는 땅콩을 '난킨마메(南京豆)'라고 부르는데 그것은 작은 콩을 의미한 것이었다. 여기서도 주로 작은 것을 의미하는 것으로 '南京(난킨)'이 붙어서 고등어 새끼 등을 '난킨사바(南京サバ)'라고 부르고 있다. 또 전갱이를 '아지(鰺 アジ)'로 부르는 경우도 있으며 오징어를 앞서 이야기한 '야리이카' 또는 '야리카(やりイカ)'와 같이 '이카'로 칭하며 사용하는 경우가 많다. 특히 이카의 경우에는 '이카바리'라는 말이 있다. 이 어휘에 대해서 한국학중앙연구원의 향토문화전자대전을 찾아보면 '명태바리'라는 유사 어휘를 찾아볼 수 있다. 오징어라는 잔존 일본어에 '~바리(잡이)'라는 어휘가 붙어 만들어진 말로 유추할 수 있다. 결국 복합어로 사용되는 경우이다. 그리고 일본식 발음이 한국식으로 변하여 만들어진 단어 중에 해파리가 있다. 해파리는 일본어로 '구라게(クラゲ)'라고 부르는데 한국에서는 주로 '구레기', '구라기' 등의 형태로 변형되어 사용되고 있음을 확인할 수 있었다. 또 다시마를 가리키는 '곤부(昆布, こんぶ)' 역시 잔존 일본어로 볼 수 있다. 이렇게 잔존 일본어 명칭이 지역별로 다양한 형태로 변형되어 사용되고 있음을 확인할 수 있었다.

해역언어학 속 일본어 잔재의 문화적, 사회적 의미

대한민국 어촌에서 일본어 잔재가 오랫동안 남아 있는 이유
는 단순한 언어 차용에 그치지 않고, 문화적 접촉과 변형의 과정
에서 지속적으로 사용하고 있기 때문이라고 볼 수 있다. 잔존 일
본어는 알게 모르게 어촌 생활에서 필수적인 용어로 자리 잡았으
며, 세대를 거듭하면서 자연스럽게 한국어로 받아들여졌다. 특히
일본어가 어로(漁撈) 활동이나 수산물 명칭에서 주로 사용되었다
는 점에서 이는 단순한 언어적 현상이 아니라 해역 문화를 형성
하는 중요한 요소로 작용했음을 알 수 있다. 그렇기 때문에 수산
물 명칭 속 일본어 잔재는 단순한 언어적 현상이 아니라, 해역언
어학이라는 새로운 연구 분야의 가능성을 제시한다.

해역언어학은 해역을 중심으로 이루어진 문화적, 언어적 교
류를 연구하는 학문으로, 수산물 명칭 속 일본어 잔재는 이 분야
의 중요한 연구 주제가 될 수 있다. 특히 한국과 일본 간의 해양
교류는 오랜 역사적 배경을 가지고 있으며, 이러한 교류를 통해
형성된 언어적 변화 모습은 해역언어학의 중요한 학문적 가치를
갖는다.

사실 우리 어촌에서 사용되는 수산물 명칭 속 일본어 잔재
가 존재한다는 것은 아픈 과거이고 어떻게 보면 슬픈 산물(産物)
이다. 그렇지만 한편으로는 한국과 일본의 역사적 문화적 교류

의 살아 있는 언어적 증거이기도 하다. 언어는 생물(生物)이기 때문에 이러한 언어적 잔재를 분석함으로써, 우리는 한국 어촌 사회의 변화 모습과 해역 기층문화를 더 깊이 이해할 수 있다. 우리가 알아채지 못했던, 알아채기 어려웠던 잔존 일본어는 어촌 생활 속에서 여전히 살아 숨 쉬고 있으며, 이는 해역언어학의 새로운 연구 가능성을 열어주었다. 향후 깊이 있는 연구에서는 더 많은 지역과 다양한 연령대의 어민들을 대상으로 한 추가 조사가 필요하며, 이를 통해 우리 수산물 명칭 속 일본어 잔재의 변천 과정 등을 더욱 체계적으로 분석할 수 있을 것이다.

5장

해역을 따라 흐르는 사투리

이번 장에서는 해역언어학적 관점에서 지역 사투리가 바다를 통해 서로 교류(交流)하고 변형된 다양한 사례들을 살펴본다. 특히 한국과 일본은 지리적, 역사적, 문화적 배경을 바탕으로 오랜 해역 교류의 역사가 있다. 이 과정에서 두 나라의 언어는 상호 영향을 주고받았으며, 몇몇 사투리 속에도 감추어져 있다. 예를 들어 경상도 사투리인 '찌짐'이 일본에서 '찌지미'라는 외행어(外行語)로 정착한 사례, 일본어에서 유래된 '수굼포'와 '오찻물' 같은 단어들이 한국 사투리로 변형된 과정 등은 언어의 이동과 변형이 단순한 지리적 경계를 넘어 해역 교류의 산물임을 보여준다. 따라서 이러한 언어 교류의 사례들을 통해 한국과 일본 간의 언어적 연결성을 재발견하고, 해역을 통해 전파된 언어와 문화가 어떻게 각 지역의 특성에 맞게 새롭게 재구성되었는지를 살펴보겠다.

찌짐: 경상도 사투리가 일본으로 건너간 해역 언어의 대표적 사례

'찌짐'은 한국의 전통 음식인 부침개를 의미하는 경상도 사투리이다. 이 단어와 조리 방식이 어원과 깊이 관련되어 있고, 한국의 음식문화를 엿볼 수 있다. 기본적으로 '찌짐'은 '지지다'에서 파생된 말로, 밀가루와 다양한 재료를 섞어 기름에 부치는 방식을 가리킨다. 이러한 조리 방식은 한국 전역에서 발견되지만, 지역마다 그 명칭과 조리법의 차이가 존재한다. 특히 경상도 지역에서 '찌짐'이라는 명칭은 다른 지역의 '전' 또는 '부침개'와 구분된다. '찌짐'이라는 말의 확산은 비단 한국에만 머무르지 않았다. 부산을 중심으로 한 해양 교류를 통해 결국 이 단어가 일본으로 건너가게 했다. 부산과 일본은 지리적으로 가깝고, 역사적으로도 오랜 교역의 역사를 지니고 있다. 이러한 배경 속에서 '찌짐'이라는 음식문화와 용어는 자연스럽게 일본으로 전파되었고, 일본에서는 '찌지미(チヂミ)'라는 명칭으로 정착하게 되었다. 특히 일본에서는 한국식 부침개를 통칭하는 단어로 '찌지미'를 사용하며, 특히 해물파전과 같은 음식이 '해물 찌지미'로 불리며 대중적인 인기를 끌고 있다.

해역언어학적으로 볼 때, '찌짐'이 일본으로 건너간 과정은

빈대떡 찌짐의 모습(출처: 위키피디아)

단순한 음식 교류 이상을 의미한다. 이는 한국과 일본 간의 역사적 관계, 특히 부산을 거점으로 한 교류의 산물이다. 사람의 이동, 그리고 한국 식문화의 이동인 셈이다. 찌짐이라는 단어와 그 조리 방식이 일본의 식문화에 통합되면서, 경상도 사투리는 일본에서 하나의 외래어로 자리 잡았다. 이러한 과정은 언어가 바다를 넘어 다른 문화에 스며들고, 그 문화 속에서 새로운 형태로 발전하는 과정을 매우 잘 보여준다. 최근에는 '찌짐'이라는 단어가 일본 전국에서 통용되며, 그 자체가 한국 음식을 상징하는 외래어로 자리 잡은 현상은 K-컬처의 확산과도 관련이 있다. 현재 K-POP, K-드라마가 세계적으로 인기를 끌고 있는 것처럼, '찌짐'은 강제동원된 조선인이나 일제강점기를 통해 이른 시기부터 일본에서 김치와 더불어 한국 문화를 대변하는 단어로 사용되기 시작했다. 해역을 통해 확산한 한국의 지역 사투리가 다른 나라에서 외래어로 자리 잡고, 그 나라의 음식문화와 결합된 것은 언어와 문화의 상호작용을 보여주는 매우 드물지만 중요한 사례라 할 수 있다.

수굼포: 사투리가 되어 버린 삽, 일본에서 유입된 외래어

'수굼포'는 경상도와 전남 지역에서 사용되는 사투리로 삽을 가리킨다. 삽이라는 단어가 다른 지역에서는 일반적인 명칭으로 사용되는데, 왜 굳이 '수굼포'라는 말이 쓰이게 되었는지에 대한 해역언어학적 해석이 필요하다. 이 단어는 단순한 사투리 이상의 의미를 지니며, 해역을 통한 외래어의 유입과 변형을 잘 보여주는 사례다.

'수굼포'의 어원에는 몇 가지 설이 존재하는데, 그중 하나는 '수건표 삽'이라는 상표명에서 유래되었다는 설이다. 이 상표는 당시 삽을 대량으로 생산하던 유명 브랜드였고, 그 브랜드명이 삽의 대명사처럼 사용되면서 '수굼포'로 변형되었다는 것이다. 이는 특정 상품명이 그 지역에서 고유 명사로 자리 잡는 현상을 보여주는 흥미로운 사례다. 우리가 잘 알고 있는 '호치키스'가 '스

테이플러', '크리넥스'가 '곽티슈'의 대명사로 자리 잡은 것처럼 특정 제품명이 그 지역의 언어에 영향을 미친 것이다. 하지만 더 흥미로운 점은 '수굼포'가 일본어 '스콥푸(スコップ)'에서 유래되었다는 설이다. 스콥푸는 네덜란드어 'schop'에서 파생된 말로, 일본을 거쳐 한국에 들어오며 변형된 것으로 알려져 있다. 일본은 에도시대부터 네덜란드와의 교역을 통해 다양한 서구의 물품과 용어를 받아들였고, 이 과정에서 네덜란드어가 일본어로 변형되었다. 이후 한국과 일본의 교류를 통해 이 단어가 한국으로 유입된 것이다.

이 단어가 한국 내에서 지역 사투리로 변형된 과정은 흥미롭다. '수굼포'는 경상도와 전남 지역에서 주로 사용되지만, 다른 지역에서도 '수군포', '수굼파' 등 다양한 형태로 발음된다. 앞서 설명한 도래작물명 중 고코이모(孝行芋) 즉 고구마의 발음이 그러했다. 이러한 발음 차이는 지역에 따라 외래어가 어떻게 변형되고, 현지화되는지를 보여주는 좋은 예다. 또 해역을 통해 전파된 외래어가 각 지역의 언어적 특성에 맞게 변형되는 과정은 해역언어학의 참신한 연구 주제이다.

오챳물: 일본어의 흔적을 담고 있는 경상도 사투리

'오챳물'은 경상도 지역에서 보리차를 가리키는 말로 사용한

다. 이 단어는 순수한 한국어처럼 들리지만, 실제로는 일본어에서 유래되었다. 일본어 '오챠(お茶)'에서 파생된 이 단어는 차를 의미하는 '챠(ちゃ)'와 이를 예쁘게 표현하는 미화 접두어 '오(お)'가 결합한 형태다. '오(お)'는 특별한 의미는 없지만, 일본어에서 미화어(美化語)로 사용되어 단어가 공손하고 예쁘게 들리도록 하는 효과가 있다.

'오챳물'은 일제강점기를 통해 한국어에 유입된 일본어 중 하나인데, 유독 부산·울산·경남(부울경) 지역 사투리에서 많이 찾아볼 수 있다. 일제강점기에 일본어가 공용어로 사용되면서 많은 일본어 단어가 한국어에 스며들었고, 오챳물 역시 그중 하나로 자리 잡았다. 보리차를 가리키는 이 단어는 현재까지도 경상도 지역에서 많이 사용되며, 해역 언어로서의 특성을 보여준다.

해역언어학적 시선으로 오챳물의 지역적 차이를 바라보면 매우 흥미롭다. 부산에서는 오챳물이 주로 보리차를 의미하지만, 전라도에서는 오챳물이 꼭 보리차만을 한정해서 이야기하지는 않는다. 결명자차일 수도 있고 둥굴레차를 뜻할 수도 있다. 이처럼 같은 단어가 지역에 따라 다른 음료를 가리키는 현상은 언어가 지역적 특성에 따라 어떻게 변형되는지를 보여준다. 바다를 건너 들어온 문화가 지역적으로 어떻게 전파되어 변형되었는지도 해역언어학의 관전 포인트이다.

오늘날 우리나라에서 오챳물이라는 단어의 사용 빈도가 줄

어들고 있지만, 여전히 경상도 지역의 어르신들 사이에서는 자주 사용된다. 과거 일본어의 흔적이 남아 있는 이 단어는 시대의 흐름에 따라 점차 사그라들겠지만, 그 속에는 해역을 통한 언어의 유입과 변형의 역사가 숨겨져 있다.

단술: 한국 전통 음료가 사투리로 변형된 사례

'단술'은 경북 그리고 부울경 지역에서 식혜를 가리키는 사투리이다. 식혜는 한국의 전통 음료로 엿기름을 우려낸 물에 밥알을 넣고 삭힌 후에 단맛을 낸다. 단술이라는 단어는 '감주(甘酒)'에서 파생되었으며, 이는 '달다'는 의미의 한자 '감(甘)'과 '술'이라는 의미의 한자 '주(酒)'가 결합한 형태다. 일본에서는 같은 한자를 사용하여 아마자케(あまざけ)라고 부르는데 이를 직역하면 단술이 된다. 흥미로운 점은 '단술'이라는 이름에 '술'이라는 단어가 포함되어 있지만 실제로는 비알코올 음료이다. 이는 한국 전통 음료인 식혜의 독특한 특성을 반영하는 동시에, 단어의 의미와 실제 음료의 성격이 일치하지 않는 현상을 보여준다. 이러한 언어적 모순은 사투리의 특성 중 하나로 지역적 언어 변형이 어떻게 일어나는지를 설명하는 데 중요한 단서이다.

단술을 의미하는 '식혜'와 발음은 비슷하지만, 표기 및 한자가 다른 '식해(食醢)'라는 단어도 있다. '식혜'의 '혜(醯)'는 초 '혜',

또는 식혜 '혜'라고 부른다. 반면에 '식해'의 '해(醢)'는 젓갈 '해', 또는 육장 '해'라고 부른다. 젓갈에 가까운 밥반찬으로 볼 수 있다. '가자미식해'라는 음식을 떠올리면 되는데, 우리 모두 한자나 표기를 크게 생각한 적이 없을 것이다. 구체적으로 설명하자면 '식혜'와 '식해'는 한자도 다르고 생김새도 완전히 다르다. '식해'는 '생선을 토막 내어 소금과 흰밥, 고춧가루, 무 따위를 넣고 버무려 삭힌 음식'을 의미한다. 유의어로 '생선젓' '어초(魚酢)' '어해(魚醢)'라고 부른다. 우리가 잘 알고 있는 음식 '가자미식해'는 가자미를 삭혀서 만든 함경도 고유의 젓갈이고, 밥 식해라고도 부른다. 이 밖에도 명태 식해, 갈치 식해, 조기 식해, 북어 식해 등 다양한 종류의 '식해'는 먹는 음식으로 볼 수 있고, 우리가 아는 '단술'은 음료 개념이라고 볼 수 있다.

해역언어학적 관점에서 단술의 사례는 특정 지역에서의 언어적 변형과 그 지역의 문화적 특성이 어떻게 결합되는지를 보여준다. 부산과 경상 지역에서 단술이라는 단어가 식혜를 가리키는데 반해, 다른 지역에서는 '감주' 또는 '식혜'라는 표준어가 흔하게 사용된다. 이는 지역마다 같은 음료를 가리키는 단어가 다른 현상을 잘 보여주며 해역을 통해 교류된 언어가 지역에서 어떻게 변형되는지를 이해하는 데 도움이 된다.

바다를 넘나든 해역 언어의 교류와 변형

'찌짐', '수굼포', '오찻물', '단술' 등과 같은 사투리는 단순한 지역 사투리가 아니라, 해역을 통한 언어의 교류와 변형 과정을 잘 보여준다. 이러한 단어들은 바다를 통해 전파되었으며, 각 지역의 문화적 특성과 결합하여 새로운 형태로 재탄생했다. 해역언어학은 이처럼 언어가 바다를 통해 전파되고 변형되는 과정을 연구하며, 이를 통해 특정 지역 정체성과 문화적 특성의 이해를 돕는다. 해역언어학적 관점에서 언어의 이동과 변형은 단지 지리적 경계를 넘는 것이 아니라, 문화적 교류와 상호작용의 결과이다. 한국과 일본 간의 오랜 역사적, 지리적 교류는 많은 단어와 개념을 상호 유입시켰으며, 이를 통해 두 나라의 언어적, 문화적 연결성이 깊어졌다고 볼 수 있다.

6장
전쟁 속에서 피어난 음식문화
: 장소성과 시대성의 융합

전쟁과 음식문화의 상관관계

　전쟁이라는 특수한 시대적 배경은 세계적으로 음식 문화에 큰 영향을 미쳤다. 특히 전쟁 중에는 생존을 위해 쉽게 구할 수 있는 재료를 이용해 새로운 음식을 창조해야 했다. 부산은 한국전쟁 당시 많은 피란민이 몰려들면서 다양한 음식문화가 새롭게 형성된 대표적인 지역이다. 따라서 에드워드 렐프(Edward Relph)의 '장소성(Sense of Place)' 이론이 매우 잘 설명되는 공간이다. 또 '시대성(Sense of Time)'이라는 새로운 개념을 통해 그 시대의 특수한 상황이 음식문화에 어떻게 반영되었는지를 살펴볼 수도 있다. 전쟁 중에는 인적·물적 자원의 이동이 해역을 통해 활발하게 이루어졌으며, 이러한 흐름 속에서 음식문화 역시 빠르게 변모하고 각각 수용되었다. 이러한 음식들은 단순히 전쟁 시기 필요에 의

한국 전쟁을 겪으며 탄생한 부대찌개(출처: 위키피디아)

해 만들어진 것이 아니라, 그 시대의 사회적, 문화적 상황을 반영하며 오늘날까지 이어져 오고 있다.

대표적인 전쟁 음식의 탄생과 발전

전쟁 중 탄생한 대표적인 음식으로는 밀면, 돼지국밥, 구포국수, 그리고 부대찌개가 있다. 밀면은 북한의 평양과 함흥에서 전래된 냉면을 대체하기 위해 탄생한 음식이다. 전쟁 중 메밀가루를 구하기 어려워지자 미군의 원조로 들어온 밀가루로 면을 만들어 냈고, 이것이 오늘날 부산의 대표적인 향토 음식인 밀면으로 발전했다. 또 돼지국밥은 소고기 설렁탕을 대체하기 위해 돼지 부산물을 사용해 만든 음식으로, 순대국밥이 변형된 형태이다. 그리고 미군의 원조로 많아진 밀가루를 활용하여 국수라는 식문화가 만들어지기 시작했다. 특히 구포국수는 전쟁 중 피난민들이 몰려든 부산 구포 지역에서 대량으로 생산되었으며, 구포 지역의 특수한 환경과 재료를 반영하여 형성되었다.

또 부대찌개는 한국 전쟁 직후 미군 부대에서 나온 스팸, 소시지, 햄과 같은 외래 재료를 한국식으로 재해석하여 만든 퓨전 음식으로, 전쟁의 어려운 상황 속에서 새로운 형태의 음식으로 탄생했다.

전쟁 음식의 문화적 의미와 지속성

전쟁 중에 탄생한 음식들은 단순히 한 시대의 필요로 만들어진 음식이 아니라, 그 지역의 정체성을 형성하는 중요한 문화적 요소로 자리 잡았다. 부산의 밀면과 돼지국밥, 구포국수는 오늘날까지도 그 명맥을 유지하고 있으며, 부대찌개는 한국 전쟁 이후 서양과 한국의 음식문화가 융합된 대표적인 사례로 세계적으로도 알려져 있다. 이러한 음식들은 전쟁 중 외부 문화를 수용하고 이를 지역적 특성과 결합해 새로운 음식문화를 창조해 낸 결과물로 사회적·문화적 정체성을 형성하는 중요한 요소로 자리 잡았다. 지금의 우리는 그 시절의 기억과 음식에 얽힌 서사(敍事)를 바다를 건너온 재료를 활용한 음식 문화를 통해 간접적으로나마 경험하고 있다.

7장
물고기 이름을 통해 본 해역언어학

출세어(出世魚)는 물고기가 성장 단계에 따라 다른 이름으로 불리는 어종(魚種)을 의미한다. 이는 한국과 일본의 어업 문화에서 중요한 역할을 하며, 두 나라의 해양 자원 활용 방식과 긴밀하게 연관되어 있다. 특히 동북아해역에 위치한 한국과 일본은 해양 자원을 바탕으로 한 어업이 발달했다. 그 과정에서 독특한 물고기의 명칭 체계도 다양해졌다. 출세어 명칭은 단순히 어종의 이름을 나타내는 것이 아니라, 각 지역사회의 생활 방식과 문화적 배경을 반영하는 중요한 요소이다. 특히 한국과 일본은 해역의 환경과 기후 조건에 따라 출세어 명칭이 지역마다 다르게 발전하였으며, 이는 해역언어학적으로 매우 흥미로운 연구 주제다. 이 책에서는 한국과 일본에서 사용되는 출세어 명칭을 언어지리학(Linguistic Geography) 관점에서 비교해 보겠다. 또 두 나라의 방언적 차이와 지역적 특성에 천착해서 살펴보겠다. 이를 통해 출세어 명칭이 지역사회의 생활 방식과 어떻게 연결되는지, 양국의 어촌 문화가 언어적 변화를 어떻게 반영하고 있는지를 살펴보겠다.

출세어의 기원과 의미

출세어는 물고기가 자라면서 그 크기와 상태에 따라 이름이 바뀌는 어종을 가리킨다. 이 개념은 일본에서 유래했으며, 에도시대 때 무사나 학자들이 출세할 때 이름을 바꾸던 관습에서 비롯되었다. 이러한 관습이 물고기의 성장에 비유되어 출세어라는 이름이 붙었다. 그러나 이 명칭 변화는 단순히 생물학적 변화만을 의미하는 것이 아니라, 물고기의 사회적 경제적 가치와도 밀접한 관련이 있다. 출세어는 그 크기와 상태에 따라 소비되는 방식이 달라지며, 지역사회에서 중요한 식자재로 사용되기도 한다. 이에 따라 출세어 명칭은 단순한 어종의 이름을 넘어서 그 지역의 생활 방식, 경제적 가치, 문화적 상징성(Symbolism)을 의미한다.

출세어의 종류

출세어는 한국과 일본에서 다양한 어종(魚種)에 적용되며, 그중 대표적인 예로 농어, 숭어, 방어 등이 있다. 이 어종들은 성장

농어(스즈키, スズキ)의 모습(출처: 위키피디아)

하면서 각각 다른 이름으로 불리며, 지역에 따라 그 명칭이 다르
게 발전해 왔다.

　우선 농어(鱸)는 한국과 일본 양국에서 중요한 출세어 중 하
나이다. 한국에서는 작은 농어를 '껄더기' 또는 '깔대기'로 부르다
가, 점차 성장하면 '농어'로 부른다. 이 명칭 변화는 지역마다 차
이가 있는데, 예를 들어 서울 한강 하류에서는 '껄더기'가 사용되
며, 전라도 지역에서는 '보껄더기'라는 명칭이 사용된다. 일본에
서는 농어를 '스즈키(スズキ)'라 부르며, 성체 크기에 따라 작은
것에서부터 큰 순서대로 '세이고(セイゴ)', '훗코(フッコ)', '스즈키
(スズキ)', '오타로(オオタロウ)'로 명칭이 달라진다. 일본의 태평양
연안에서는 이러한 명칭 체계가 특히 두드러지며, 각 지역에서 사
용되는 방언형 명칭도 다양하다.

　숭어(鯔)는 기수역(汽水域)에서 주로 서식하는 물고기로, 한
국과 일본 모두에서 출세어로 취급받는다. 한국에서는 숭어의 명

숭어(보라, ボラ) 그림(출처: 위키피디아)

칭이 매우 세분화되어 있는데, 작은 숭어는 '모치', 성숙한 숭어는 '숭어'로 불린다. 특히 서해안 지역에서는 '모치', '시렁이', '모쟁이' 등의 명칭이 사용되며, 지역에 따라 명칭이 더욱 세분화되어 있다. 전라도에서는 '모치', 충남에서는 '모쟁이'라는 이름으로 불리며, 이러한 명칭 차이는 지역의 어업 환경과 어획량에 따른 것으로 보인다.

일본에서도 숭어는 중요한 어종이며, '보라(ボラ)'라는 명칭이 일반적으로 사용된다. 작은 숭어는 '오보코(オボコ)', 중간 크기의 숭어는 '이나(イナ)', 성숙한 숭어는 '보라(ボラ)'로 불린다. 일본에서는 주로 태평양 연안에서 숭어를 어획하며, 명칭의 어형 분화는 한국보다 적지만, 여전히 지역마다 미세한 차이가 존재한다. 예를 들어, 간사이 지역에서는 '하쿠(ハク)'라는 명칭이 사용되기도 한다.

방어(부리, ブリ)의 모습(출처: 위키피디아)

방어는 일본에서 가장 유명한 출세어 중 하나로, 크기와 상태에 따라 다양한 이름으로 불린다. 작은 방어는 '와카시(ワカシ)', 중간 크기는 '이나다(イナダ)', 성어는 '부리(ブリ)'로 불린다. 이러한 명칭 변화는 일본 전역에서 나타나며, 특히 어획량이 많은 태평양 연안 지역에서 명칭 체계가 세분화되어 있다.

한국에서도 방어는 중요한 어종으로, '마르미', '되미', '방어' 등의 명칭이 지역에 따라 다르게 사용된다. 강원도에서는 '떡마르미', 경북에서는 '메레기'라는 명칭이 사용되며, 이는 방어의 서식지와 어획량에 따라 명칭이 다르게 발전한 것을 보여줬다.

출세어 명칭과 사회언어학적 해석

출세어 명칭의 변화는 그 물고기가 서식하는 지역의 사회적, 경제적 환경과 밀접한 관련이 있다. 어종의 이름은 단순한 어휘 변화가 아니라, 해당 지역의 어업 활동과 어획량, 사회적 배경을 반영하는 중요한 요소다. 예를 들어 한국 서해안 지역에서 숭어의 명칭이 세분화된 것은 어획량이 많고 어업 활동이 활발한 이 지역의 특징을 반영한다. 한편 동해안 지역에서는 방어의 명칭이 세분화되어 있으며, 이는 방어가 이 지역에서 주요 어종으로 잡히기 때문이다. 또 출세어는 문화적 상징성도 지니고 있다. 일본에서는 방어가 출세와 재물의 상징으로 여겨지며, 잔치 음식으로 자주 사용된다. 특히 방어는 일본의 많은 축제와 행사에서 중요한 역할을 하며, 출세를 기원하는 의미를 담고 있다. 한국에서도 숭어는 잔치 음식으로 쓰이며, 출세어는 운과 관련된 기운 좋은 물고기로 여겨진다. 이러한 문화적 의미는 출세어 명칭이 단순한 어종의 이름을 넘어, 그 물고기가 가지는 상징적 의미와도 깊이 연결되어 있음을 알 수 있다.

한국과 일본의 출세어 명칭에서 공통점과 차이점을 찾을 수 있다. 두 나라 모두 출세어 명칭이 지역마다 다르며, 이는 두 나라의 어업 문화와 해양 환경의 차이를 나타낸다. 예를 들어 한국에서는 숭어의 명칭이 세분화되어 있으며, 특히 서해안 지역에서 어획량이 많기 때문에 다양한 명칭이 발달했다. 반면 일본에서는 방어의 명칭이 더욱 세분화되어 있으며, 이는 방어가 태평양 연안과 동해 연안에서 중요한 어종으로 여겨지기 때문이다. 해역인문학적 분석 방법으로 밝혀진 이러한 차이는 두 나라의 어업 문화와 어획물 소비 패턴에서 비롯되었으며, 이를 통해 해양 자원 관리와 어업 활동에 대한 이해를 확장할 수 있다.

이처럼 물고기의 이름을 통한 연구는 두 나라의 어업 문화와 언어적 특성을 탐구하는 데 관심 있는 연구 주제이다. 한국과 일본에서 출세어 명칭은 지역적, 사회적, 문화적 특성을 반영하며, 두 나라의 어업 활동이 그 명칭 변화에 중요한 역할을 한다. 이 책을 통해 출세어 명칭이 지역별로 어떻게 다르게 발전하였는지, 그리고 그 명칭 변화가 각국의 사회적, 문화적 의미와 어떻게 연결되어 있는지를 확인할 수 있었다. 향후 이러한 연구는 어업 활동과 어촌 사회의 언어적 변화를 이해하는 데 중요한 기초자료가 될 것이다. 더 나아가 한국과 일본의 출세어 명칭 비교 연구는 어업 문화와 해양 자원 관리에 대한 새로운 시각을 제공할 수 있다.

3부

문화로서 해역인문학

해양 해역 바다

개항항 부두 교류

방언 상소성 어촌

언어교섭 세계 조수

항구 동북아 기적

상처 이베

하코다테 인천 부산

'문화로서 해역인문학'에서는 동북아해역을 둘러싼 지역의 언어문화에 대한 심층적 분석을 시도하였다. 해역인문학적 관점에서 해역은 단순한 물리적 공간이 아니라, 언어와 문화가 교차하고 상호작용하는 복합적인 장소로 이해할 수 있다. 이러한 시선은 국가 및 지역별로 다양하게 존재하며, 각기 다른 역사적, 사회적 맥락에서 형성된 언어와 문화의 이동과 변이를 다룬다. 특히, 개항장(開港場)이라는 특수한 역사적 배경을 가진 동북아 해역 도시를 소개함으로써, 이들 지역에서 나타나는 언어문화의 차이와 공통점을 이해할 수 있다. 또 도시와 대중문화 매체에 반영된 언어문화 풍경을 통해 해역을 매개로 한 문화의 흐름과 교류, 변화를 조망하였다. 해역인문학적 접근은 이러한 언어와 문화의 이동 과정을 통해 새로운 의미와 가치를 발견하는 데 중요한 틀을 제공하며, 이는 해역을 통해 형성된 문화적 다양성과 융합의 과정을 이해하는 데 목적이 있다.

8장

동북아해역과 언어문화

동북아해역의 언어문화는 매우 다양한 양상으로 존재하며, 유사하면서도 각기 다른 문화를 비교함으로써 이 지역의 차이점과 공통점을 발견할 수 있다. 특히 개항장을 중심으로 한 동북아해역 도시들의 문화와 역사는 해역을 통한 교류와 변화를 이해하는 데 중요한 연구 대상이다. 개항장은 불평등 조약에 의해 외국인의 왕래와 무역을 위해 개방된 항구로 조약항(條約港)으로도 불리며 근대 문명의 유입 통로이자 반식민지적 지배의 거점으로 작용했다. 우리나라에서는 1876년 조일수호조규 체결을 계기로 부산, 인천, 원산이 최초로 개항되었고, 이후 목포, 진남포(鎭南浦), 군산, 마산, 성진(城津), 용암포(龍巖浦) 등 여러 항구가 추가로 개항되었다. 일본은 1854년 미일화친조약과 1858년 미일 수호통상조약을 통해 개항장을 열었으며, 중국은 1842년 난징조약 이후 아편전쟁을 기점으로 개항장이 설립되어 외국과의 무역이 본격화되었다. 이 책에서는 이러한 동북아해역 도시들의 언어문화가 개항장을 중심으로 어떻게 형성되고 변화해왔는지를 분석하며, 그 속에서 나타나는 문화적 이동과 상호작용의 시점으로 바라보았다. 반도 국가 한국과, 대륙 국가 중국, 그리고 섬나라 일본으로 크게 나누어 설명하겠다.

해역과 반도, 문화적 서사를 가진 한국
: 부산, 인천, 군산

개항의 도시 부산, 역사적 전환점

부산(釜山)은 1876년 강화도조약 체결로 조선의 3대 개항장 중 가장 먼저 개항한 도시이다. 가장 먼저 개항했다는 것은 상징적이다. 일본은 '메이지유신(明治維新)'이라는 괄목할 만한 개혁을 추진하며 내부의 정치적 불안을 해소하기 위해 외부로 시선을 돌렸고, 그 첫 번째 대상이 조선이었다. 이로 인해 부산항은 4년 동안 유일한 개항장으로서 조선과 일본 간의 교섭 및 무역 중심지로 자리 잡았다. 부산의 개항은 단순히 무역항으로서 기능을 넘어, 조선 사회에 새로운 문화와 변화를 일으켰다. 재래시장의 기존 유통망은 개항 이후 급속히 변화하여 부산을 중심으로 재편되었고, 일본 상인들이 몰려들면서 지금의 용두산 공원 인근이 일본 전관거류지로 형성되었다. 이는 곧 부산이 단순한 경제적 허브에서 나아가, 일본의 생활양식과 문화가 조선에 본격적으로 유입되는 창구 역할을 했다는 점에서 주목할 필요가 있다.

해역인문학적 관점에서 바라본
지속발전 가능한 부산의 미래

부산은 해역 도시로서의 독특한 지리적 위치와 역사적 맥락 속에서, 끊임없이 외부와의 접촉을 통해 변화를 겪어왔다. 개항 이후 일본과의 교류, 한국 전쟁을 통해 형성된 디아스포라 공동체, 그리고 현대의 대중문화 속에서 재조명되는 부산은 그 자체로 해역인문학적 연구의 풍부한 소재가 된다.

부산이 지닌 해역성(海域性, Sea Region Character)은 단순한 지리

부산 광안대교의 모습

적 요소를 넘어, 그곳에 살아가는 사람들과 이주민들의 이야기를 담아낸다. 앞으로도 부산은 해역 도시로서의 정체성을 바탕으로, 세계와의 끊임없는 교류와 새로운 문화를 창출해 나가는 열린 공간으로 남을 것이다. 부산은 단순한 항구 도시를 넘어 대한민국의 디아스포라 역사를 고스란히 담아낸 공간이기도 하다. 영화 〈국제시장〉은 부산의 대표적인 재래시장인 국제시

<국제시장> 영화 공식 포스터

장을 배경으로, 전쟁과 이민, 가족의 이야기를 담고 있다.

　이 영화는 1950년 한국 전쟁 당시 부산으로 피난 온 수많은 사람의 삶을 통해, 부산이 단순히 물리적 피난처가 아닌, 다양한 인간 군상이 만들어 낸 문화적 결절점이라는 특성을 보여준다. 영화 속 주인공 덕수는 국제시장에서 가족의 생계를 이어가며 독일로, 베트남으로 떠나 시대의 역경을 헤쳐 나가는데, 이 과정에서 부산은 한국 전쟁 이후 형성된 다양한 이주민들이 모여드는 국제적 교류의 장이자, 근대 한국사에서 중요한 역사의 무대가 된다. 부산의 국제시장은 해역 도시의 전형적 특성을 보여주

는 상징적인 공간으로, 전쟁과 무역, 그리고 사람들의 이동을 통해 다이내믹한 문화적 혼종을 이루어냈다.

해역의 교차점 부산의 대중문화

부산은 외부 문화를 수용하는 데 적극적 성격을 지니고 있었으며, 이러한 성향은 부산을 표현한 대중문화 속에서도 여전히 강하게 남아 있다. 특히 부산의 독특한 문화적 인문지리학적 특성은 현대 대중문화 속에서도 다채롭게 재현되고 있다. 2012년에 방영된 드라마 〈응답하라 1997〉은 부산을 배경으로 한 이야기로, 1990년대 부산의 지역적 정체성과 문화적 분위기를 생생하게 그려냈다. 이 드라마는 당시 학교생활, 아이돌 팬덤, 인기 드라마 등을 다루며 90년대 후반의 사회적 풍경을 사실적으로 재현했다. 또한, 등장인물들의 대화 속에 부산의 음식과 지명이 자주 등장하며, 부산의 지역적 특성이 자연스럽게 드러난다. 또 드라마 속 주인공들의 사투리와 부산의 일상은, 해역도시가 어떻게 자신만의 정체성을 유지하면서도 외부와의 교류를 통해 새로운 문화를 만들어가는지를 잘 보여준다. 부산이라는 도시는 서민의 삶과 맞닿아 있어 아주 가까운 해역 기층문화를 천착해 살펴보기 좋은 공간이다.

개항과 해역 도시 인천의 탄생

인천(仁川)은 1883년 개항을 통해 우리나라에서 두 번째 조선과 외국 세력 간의 교류 거점으로 등장했다. 강화도조약을 통해 항구가 개방되면서, 인천은 단순한 도시에서 해양을 중심으로 한 국제 교류의 관문으로 변모했다. 당시 조선을 방문한 미국 외교관 알렌의 기록에 따르면, 개항 초기의 제물포는 정비되지 않은 판잣집과 오두막이 줄지어 있었던 작은 도시였다. 하지만 개항과 함께 인천은 급속히 발전하며 해양을 통해 유입된 다양한 문물과 문화를 흡수해 나갔다. 조선 정부와 일본은 원산을 비롯한 여러 항구의 개항을 논의했지만, 서울과 가까운 인천은 그 중요성 때문에 장기간 협상이 이어졌다. 인천은 해양을 통한 무역과 외교의 관문으로, 서울로 이어지는 교통로를 확보한 지역이었다. 이는 단순한 항구 이상의 정치, 경제적 중요성을 지녔다. 결국, 조선 정부는 1881년에 제물포항을 개항하기로 결정했고, 이는 일본의 외교적 준비와 함께 인천이 해양 무역의 중심지로 발돋움하는 계기가 되었다.

해역을 통한 근대화의 물결

개항 이후 인천은 빠르게 근대화의 중심지로 변모했다. 1883년 인천에 세워진 대불호텔은 조선 최초의 서양식 호텔로, 이는

인천항 부두 모습(출처: 픽사베이)

인천이 서양과의 해상 무역과 교류의 중심지로 자리 잡았음을 상 징적으로 보여준다.

　또 인천은 근대 기상 관측의 시작점이 되었으며, 만국공원 등 새로운 문화적, 공공시설도 생겨났다. 경제적으로 인천은 일본 상인들이 우세한 지역으로 변모했다. 일본 상업단체들이 결성되 어 상업 활동을 주도했으며, 1883년 일본 우선주식회사 인천지점 개설을 비롯한 금융기관이 설립되었다. 해양을 중심으로 한 경제 적 활동은 인천을 근대적 상업 중심지로 자리매김하게 했다. 하 지만 조선 상인들도 이에 맞서 대동상회(大同商會), 순신창상회(順

信昌商會) 등을 설립하며 경제적 자주성을 확보하려 했다. 해양을 통해 유입된 외국 상인들과의 경쟁 속에서, 인천의 상인들은 무역 화물 측량권을 독점하는 객주(客主) 단체 균평회사(均平會社)를 설립하여 외국 상인들의 횡포에 대응하기도 했다. 해양은 단순히 물리적 경계를 넘어 경제적, 정치적 싸움의 장이기도 했다.

해역의 교차점, 차이나타운의 형성

인천이 개항되면서 지리적으로 인접한 많은 중국인 역시 이 도시에 정착하기 시작했다. 1883년 인천항 개항과 함께 청나라 조계지가 설치되었고, 주로 산둥성 출신 화교들이 인천으로 이주해 상권을 만들어 나갔다. 이들은 해양을 통해 무역을 발전시키고, 지역 경제에 깊이 관여하게 되었다. 인천의 차이나타운은 그들의 흔적을 가장 잘 보여주는 공간으로, 자장면이 처음 탄생한 곳이기도 하다. 하지만 해역 교류의 긍정적인 측면만 있었던 것은 아니다. 한국 전쟁 이후, 화교 사회는 무역과 거주 자격에 대한 규제로 인해 위축되었고, 인천항의 여객 터미널과 어시장이 연안부두로 이전하면서 그들의 상권 역시 축소되었다. 하지만 1990년대 이후 한중수교가 재개되며 차이나타운은 관광지로 새롭게 자리 잡아 해역을 통한 역사적 교류의 흔적을 간직한 공간으로 남게 되었다.

해역문화 속 인천의 기억

　인천은 전쟁의 중요한 무대로도 자리했다. 1950년 한국 전쟁 당시 맥아더 장군이 이끄는 인천상륙작전은 해양을 중심으로 한 전략적 작전이었다. 인천으로의 상륙은 성공률이 매우 낮았지만, 바다를 통해 이루어진 이 작전은 한국 전쟁의 판도를 바꾸는 결정적 순간이었다. 영화 〈인천상륙작전〉은 이 사건을 배경으로 만들어졌으며, 켈로 부대라는 숨겨진 영웅들의 활약을 조명했다. 해양을 통한 작전의 성공은 단순한 군사적 승리를 넘어서, 인천이라는 해양 도시의 전략적 중요성을 다시금 부각시키는 계기가 되었다. 또 소설 속 개항장 인천이 재해석되고 있다. 문학 속 인천의 개항장은 해양을 통한 교류와 변화를 중심으로 그려진다. 소설과 시는 인천이 바다와 연결된 도시로서 변화와 주민들의 삶을 다루며, 이를 해역인문학적 관점으로 해석할 수 있다.

　또 전쟁과 인천의 차이나타운을 그리고 있는 작품이 있다. 오정희의 『중국인 거리』는 6.25 전쟁을 배경으로 인천 차이나타운에 정착한 중국인들과 주인공의 이야기를 그린다. 인천은 단순한 피난처가 아닌, 바다를 통한 교류의 장으로 묘사된다. 차이나타운은 해양을 통해 들어온 다양한 문화의 흔적을 보여주며, 인천의 다문화적 정체성을 상징한다. 공업 도시 인천의 성장을 그린 작품으로는 「내일을 여는 집」에서는 인천이 공장이 밀집한 산업 도시로 등장한다. 바다를 통해 유입된 자원과 노동력이 산업화로 이어지며, 인천은 세계 경제와 연결된 도시로 묘사된다. 해양을 통한 경제적 유입과 발전이 도시의 변화를 이끈다. 그리고 많은 노동자가 몰려든 인천을 그린 「인간 문제」는 1930년대 인천 노동자를 다루었다. 인천항과 방직공장은 해양을 통한 물류와 산업의 중심지로, 노동자들이 해양 경제 속에서 살아가는 모습을 담고 있다. 인천은 해양과 밀접한 경제적 연결을 지닌 노동자 도시로 그려진다. 그리고 김소월의 「밤」에서는 "인천의 제물포"를 언급하며, 바다와 항구의 정서를 묘사한다. 바닷바람과 비는 인천의 해역적 특성을 상징하며, 바다가 인간의 감정과 밀접하게 연결된 장소로 묘사되었다. 마지막으로 개항 후의 이국적 풍경으로 묘사한 박팔양의 「인천항」은 1920년대 인천항의 이국적 풍경을 그려냈다.

조선의 서편 항구 제물포부두.
세관의 기는 바닷바람에 퍼덕거린다.
젖빛 하늘, 푸른 물결, 조수 내음새
오오, 잊을 수 없는 이 항구의 정경이여.

상해로 가는 배가 떠난다.
저음의 기적, 그 여운을 길게 남기고
유람과 추방과 망명의

많은 목숨을 싣고 떠나는 배다.

어제는 Hongkong, 오늘은 Chemulpo, 또 내일은 Yokohama로,
세계를 유랑하는 코스모포리탄
모자 빼딱하게 쓰고, 이 부두에 발을 내릴 제.

축항 카페에로부터는
술 취한 불란서 수병의 노래
"오! 말쎄이유! 말쎄이유!"
멀리 두고 잊을 수 없는 고향의 노래를 부른다.

부두에 산갈이 쌓인 짐을
이리저리 옮기는 노동자들
당신네들 고향이 어데시오?
"우리는 경상도" "우리는 산동성"
대답은 그것뿐으로 족하다.

월미도와 영종도 그 사이로
물결 헤치며 나가는 배의
높디높은 마스트 위로 부는 바람,
공동환의 기빨이 저렇게 퍼덕거린다.

오오 제물포! 제물포!

잊을 수 없는 이 항구의 정경이여.

시의 "세관", "상해로 가는 배", "코스모폴리탄"과 같은 표현은 인천항이 국제적 교류의 중심지였음을 보여준다. 또한 인천항을 물자뿐 아니라 사람과 문화가 오가는 세계적인 항구로 그리고 있다. 인천이라는 공간은 그 장소에서 그 시대를 살아간 사람들의 희로애락이 담겨 있다. 해역인문학에서는 앞서 이야기한 에드워드 렐프의 장소성 이론처럼 하나하나 지워지지 않는 지문(指紋)처럼 기억이 문학작품에 새겨져 있다. 시 속에 숨겨져 있는 이러한 의미를 해석하는 것이 해역인문학에서 다루어야 할 올바른 시선이다.

해역 교류의 전초기지 군산

군산(群山)은 서해와 맞닿아 있는 해역 도시로 바다와 밀접한 관계 속에서 발전해 왔다. 해역인문학적 관점에서 군산을 바라보면 이 도시는 단순히 육지와 바다가 만나는 경계가 아니라, 그 자체로 역동적인 교류의 공간이었다. 바다는 물리적 장애물인 동시에 교류와 확장의 통로로 기능했으며, 군산은 이러한 해역을

구 군산세관 본관(출처: 위키피디아)

중심으로 주변 국가들과 상호작용하며 발전해 왔다. 바다와 육
지, 그리고 섬들이 연결된 이 공간은 물질과 인간, 문화가 교차하
는 장으로, 군산의 역사와 정체성은 바로 이 해역에서 비롯된 것
이다.

교류와 착취(搾取)의 해역 풍경

군산이 개항한 1897년 이후, 해역을 통한 국제적 교류와 착
취는 더욱 심화되었다. 일본은 서해를 통로로 삼아 조선의 곡창
지대에서 생산된 쌀을 수탈해 갔고, 군산항은 이러한 수탈의 핵
심적 거점으로 자리 잡았다. 해역인문학적 관점에서 볼 때, 군산

항은 단순히 물자 이동의 공간이 아니라, 제국주의적 착취와 식민지 경제 구조가 해역을 통해 어떻게 확산되었는지를 보여주는 중요한 사례다.

또 해양을 경계로 한 교류는 군산의 경제적 성장을 이끌었지만, 동시에 군산 시민들에게는 억압과 착취를 초래하는 양면성을 띠었다. 군산에 남아 있는 일본식 건축물들은 바다를 매개로 이루어진 식민지 지배의 잔재를 잘 보여준다. 일본의 목재와 전통 건축 양식으로 지어진 신흥동의 히로쓰 가옥, 금광동의 동국사가 그 대표적인 예다. 이 건축물들은 일본과 조선 사이의 해역적 연결을 통해 이루어진 교류의 결과물이지만, 동시에 식민지적 억압과 착취의 흔적을 남기고 있다. 동국사 내부의 평화의 소녀상과 참사문비는 일본이 군산을 수탈의 도구로 사용한 역사적 사실을 기억하게 하며, 이 역시 해역을 통해 연결된 식민지 지배의 기억으로 해석할 수 있다.

군산은 앞서 말했듯 일본의 해역을 통한 쌀 수탈이 극심했던 지역으로, 그만큼 독립운동도 활발히 전개되었다. 해역을 통한 일본의 경제적 침탈이 자연스럽게 군산을 항일 운동의 중심지로 만든 것이다. 군산 3.1운동 역사공원은 이러한 저항의 상징적 장소로, 해역을 통해 이동하던 물자와 인적 자원들이 억압과 저항의 양측에서 어떤 역할을 했는지를 보여준다. 이 공원은 해역을 매개로 한 일본의 식민지적 침탈에 맞선 군산 시민들의 저항 정신을 기리는 공간으로, 해양을 둘러싼 갈등과 저항의 역사를 되새기게 한다.

문학 속 해역 도시 군산

군산 출신의 소설가 채만식은 해역적 교류와 그로 인한 착취를 문학적으로 풀어낸 작가이다. 그의 소설 『탁류』는 군산항을 배경으로 일제강점기 군산에서 벌어진 수탈과 인간의 갈등을 사실적으로 묘사한다. 해역인문학적 관점에서 『탁류』는 단순한 지역 소설이 아니라, 바다를 통한 수탈과 그로 인해 변화된 조선 사회의 구조적 모순을 드러내는 작품이다. 바다와 접한 군산항에서 벌어지는 경제적 착취는 군산뿐만 아니라, 해역을 중심으로 한 더 넓은 세계의 연결 속에서 이해할 수 있다. 바다는 곧 착취와 저항, 희망과 좌절이 교차하는 공간으로 해석된다.

쇠퇴하는 개항장 군산의 재생 가능성

군산은 과거 서해를 중심으로 한 해양 교류의 중요한 중심지였지만, 현대에 이르러 경제적 위상은 많이 쇠퇴했다. 그러나 해역인문학적 관점에서 군산을 다시금 바라보면, 이 도시는 여전히 해양 교류의 잠재력을 가지고 있다. 서해는 과거의 수탈과 억압의 기억을 담고 있지만, 동시에 현재와 미래를 위한 새로운 교류와 재생의 공간으로 기능할 수 있다. 군산의 경제적 재생을 위해서는 해역을 매개로 한 산업과 문화 교류를 다시 활성화하는 것이 중요한 과제다. 군산의 역사와 문화는 해역적 맥락 속에서만 그 진정한 가치를 찾을 수 있으며, 이를 통해 군산은 새로운 발전 가능성을 모색할 수 있다. 따라서 군산은 단순히 과거의 영광과 쇠퇴를 겪은 도시가 아니라, 바다와의 관계 속에서 끊임없이 재생과 변화를 겪어온 도시다. 해역인문학적 관점에서 볼 때, 군산은 바다를 통해 문화적, 경제적 상호작용을 이루어 온 중심지로, 앞으로도 해역을 통한 국제적, 지역적 교류의 중요한 거점이 될 가능성을 가지고 있다. 군산의 해양 문화를 보존하고 발전시키는 일은 단순히 지역적 가치를 넘어, 해역을 중심으로 한 인문학적 관점을 강화하는 중요한 작업이다. 바다와의 관계 속에서 다시금 군산이 문화와 역사의 중심지로 거듭나기를 바라본다.

해역을 마주한 대륙, 중국
: 상하이, 샤먼, 한커우, 광저우, 옌타이, 주룽

개항장 상하이

상하이(上海)의 개항은 1842년 아편전쟁의 종전과 함께 체결된 난징조약으로 시작되었다. 이 조약에 따라 1843년 상하이는 중국의 다섯 개 대외 무역항 중 하나로 개방되었고, 영국, 미국,

동방명주탑과 황푸강(출처: 위키피디아)

프랑스는 상하이에 각각 거류지를 형성하였다. 이로써 상하이는 중국과 서구 열강 간의 접점이 되는 중요한 국제 무역항으로 변모하기 시작했다. 당시 중국은 서구 제국주의 세력에 의해 강제로 개방되었고, 그 과정에서 상하이는 중국 근대사의 중요한 무대가 되었다. 상하이의 개항 과정은 단순한 항구 개방 이상의 의미를 지닌다. 1843년 영국과 청나라가 맺은 후먼조약은 상하이에 외국인이 거주할 수 있는 법적 근거를 마련했으며, 첫 영국 영사 조지 밸푸어가 11월 14일 상하이에 도착한 후 공식적으로 상하이는 대외 개방 항구로서의 역사를 시작하게 되었다. 이후 약 100년 동안 상하이에는 다양한 외국 조계지가 존재하게 되었으며, 이는

상하이 프랑스 조계지 우캉맨션(武康大楼)

상하이의 발전과 그 독특한 해역 문화를 형성하는 중요한 요인이다. 특히 상하이는 마도(魔都)라고 불리며 해양과 긴밀히 연결된 도시로서의 정체성을 확립하게 된다.

개항 후 상하이는 동북아해역에서 가장 번성한 항구 도시로 자리 잡았고, 이는 경제, 금융, 문화의 중심지로 성장하는 발판이 되었다. 이러한 발전은 해양을 통한 교역과 외국 자본의 유입 덕분이었다. 상하이는 당시 중국에서 가장 국제적인 도시로 부상했으며, 서양 문물이 빠르게 유입되면서 상하이 사람들의 생활양식과 사고방식에도 큰 변화를 가져왔다.

상하이의 조계지와 자치 행정

1854년, 태평천국의 난이 벌어지면서 상하이 조계지는 외부 전란에서 벗어나 독립적인 자치 행정 기구를 설립하게 된다. 이 조치는 조계지가 청나라의 행정적, 사법적 관할권 밖에 위치하게 하였고, 이로 인해 상하이는 중국 내부의 정치적 혼란과는 별개로 안정적인 성장을 할 수 있었다. 이는 상하이의 해역 특성이 부각되어 나타나는 중요한 지점으로, 해양을 통해 상하이는 다양한 외부 세력과 교류하며 독립적인 발전을 이루어 나갔다. 상하이의 조계지는 다양한 국적의 외국인들이 거주하며 상업과 금융 활동을 벌이는 공간이었다.

이러한 특성은 상하이를 중국 내 다른 도시와 차별화되는 독특한 공간으로 만들었다. 특히 지금의 황푸구, 징안구, 홍커우구, 양푸구 지역은 공동 조계지였고, 창닝구는 그 바깥 지역에 위치해 있었다. 또 루완구와 쉬후이구는 프랑스 조계지로, 자베이구와 난스구는 중국이 관리하던 지역이었다. 이처럼 상하이는 다양한 외국 세력이 도시 곳곳을 분할통치하는 복합적인 공간이기에 혼종의 언어문화가 탄생하게 된다. 이러한 구조는 상하이가 국제적인 성격을 갖추게 만든 중요한 요인이 되었다.

해역인문학적 관점에서 본 상하이

해역인문학적 관점에서 상하이는 단순한 항구 도시 이상의 의미를 지닌다. 해역인문학은 해양과 인간, 그리고 해양을 통한 교류와 그로 인해 형성된 문화적, 사회적 상호작용을 연구하는 학문이다. 상하이는 바로 이러한 해양과의 연결을 통해 동아시아와 서양을 연결하는 허브 역할을 했고, 그 과정에서 상하이는 다양한 문화가 융합된 독특한 도시로 변모했다. 상하이의 지리적 위치는 해양을 통한 교류와 발전에 매우 적합했으며, 이를 통해 상하이는 중국 내 다른 내륙 도시들과는 다른 경제적, 문화적 발전을 이루었다. 특히 개항 후 상하이는 무역, 금융, 제조업 등의 산업이 급속도로 성장했고, 이는 상하이의 해역 특성이 경제적 성장을 이끈 중요한 요소임을 보여준다. 상하이는 해양을 통해 외국 자본과 기술이 유입되었고, 이는 상하이의 근대화와 도시화 과정에서 중요한 역할을 했다. 또 상하이는 해양을 통한 대외 교류를 바탕으로 정치적으로도 중요한 역할을 했다. 20세기 초 상하이에서는 중국공산당의 창당을 비롯한 여러 중요한 정치적 사건들이 발생했다. 상하이의 국제적인 위치와 외국 조계지의 특성은 이러한 정치적 활동을 가능하게 한 배경이었으며, 해양을 통한 정보와 사상의 교류는 상하이에서 일어난 정치적 사건에 중요한 영향을 끼쳤다.

상하이의 해역문화와 정체성

상하이의 해역문화는 상하이 사람들이 외부 문화에 대한 개방성과 수용성을 강조하는 요소로 작용했다. 상하이 사람들은 오랜 시간 외국인들과 함께 생활하며 음악, 패션, 예술 등에서 세계적인 유행을 선도하며 상하이의 정체성 형성에 중요한 요소로 작용했다. 특히 상하이의 해역성은 상하이가 중국 내 다른 도시들과는 차별화되는 독특한 문화적 양상을 형성하게 했다. 중국의 다른 내륙 지역과 달리 상하이는 대외 교류의 중심지로, 서양의 사상과 문물이 빠르게 유입되었다. 이는 상하이 사람들의 사고방식과 생활 방식에도 큰 영향을 미쳤다. 상하이는 중국 최대의 도시이자 경제 중심지로 성장하였고, 그 과정에서 상하이 사람들은 외국 문화를 적극적으로 받아들이며 세계적 트랜드에 민감하게 반응하는 특성을 가지게 되었다. 언어·문화적으로 살펴본다면 상하이 방언인 상하이어(上海語) 또한 상하이의 해역 문화에서 중요한 부분을 차지한다. 상하이어는 고대 오나라 지역 오어(吳語)의 일종으로, 유성음과 무성음을 구분하는 특징이 있다. 하지만 표준중국어의 보급과 교육 정책으로 상하이어 역시 푸퉁화에 자리를 넘겨주며, 점차 그 자리를 잃어가고 있다. 어떻게 보면 이는 상하이의 해양적 특성이 사라져가는 방증이기도 하다.

상하이의 현대적 의미

오늘날 상하이는 마성(魔性)의 도시답게 여전히 중국 최대의 경제 중심지로 굳건한 자리를 지키고 있다. 특히 해역을 통한 국제 교류의 중심지로 기능하고 있다. 개항장이었던 상하이의 발전은 해양을 통한 대외 교류와 무역이 어떻게 한 도시의 경제적, 문화적 발전을 이끌 수 있는지를 잘 보여준다. 특히 상하이는 중국의 개혁개방 이후 다시 한번 급속한 발전을 이루었고, 이는 상하이가 역사적으로 해양과 긴밀하게 연결되어 있었기 때문에 가능했다. 해역인문학적 관점에서 상하이의 개항과 발전은 단순히 경제적 성장 이상의 의미를 지닌다. 상하이는 해양을 통해 외국과의 교류를 활성화하면서 독특한 문화적 정체성을 형성해왔으며, 이러한 과정에서 중국 내에서 가장 국제적인 도시로 성장할 수 있었다. 상하이의 역사는 해양이 어떻게 한 도시와 그 도시 사람들의 삶과 문화를 변화시키는지를 보여주는 중요한 사례로, 오늘날에도 상하이는 해양과의 연결 속에서 계속해서 발전해나가고 있다.

샤먼이라는 해역 공간

샤먼(廈門)은 중국 동남부에 위치한 해역 도시로 해양과 깊은 연관을 맺으며 역사, 경제, 문화적으로 독특한 발전을 이룬 곳이다. 상하이와 마찬가지로 항구 도시로서 오래전부터 외국 상선들이 드나들며 교역의 중심지 역할을 했고, 이는 샤먼의 해역 특성을 바탕으로 한 사회적, 경제적 변화를 이끌어왔다. 특히 19세기 아편전쟁 시기 영국에 의해 잠시 점령된 이후, 1842년 난징조약에 따라 광저우, 푸저우, 닝보, 상하이와 함께 개항된 다섯 주요 항구 중 하나가 되었다. 이로써 샤먼은 세계로의 출입구로서 기능하며 중국의 대외 교역과 해양 문화 교류의 중요한 거점으로 자리 잡았다.

해역의 교차점에서 성장한 도시

푸젠성에 위치한 해역 도시 샤먼은 바다를 통한 교역과 인구 이동을 통해 발전해 왔다. 해역을 통해 유입된 다양한 외국 문물과 사람들은 샤먼의 문화적 다양성을 형성하는 데 중요한 역할을 했다. 20세기 후반, 샤먼이 경제특구로 지정되면서 급격한 경제 성장을 이루었고, 여러 지역에서 사람들이 몰려들어 인구가 급증

푸젠성 토루

했다. 이 과정에서 샤먼은 중국 내뿐만 아니라 대만, 동남아시아, 유럽 등 다양한 지역과의 교류가 활발해지며, 다문화 도시로 성장할 수 있었다. 푸젠성의 독특한 건축 양식인 토루는 해역인문학적 관점에서도 중요한 의미를 지니며, 문화적 교류와 상호작용의 상징으로 볼 수 있다.

　이 토루는 외부 문화와의 접촉을 통해 형성된 다양한 문화적 요소들이 융합된 결과물이다. 이러한 특성은 해역을 통한 문화적 교류의 유기적 과정을 반영한다고 볼 수 있다. 또한, 샤먼은 대만과 지리적으로 가까워 바다를 사이에 두고 빈번한 왕래가 이루어졌으며, 대만 사람들이 자주 찾는 도시가 되었다. 이러한 해양을 통한 인적, 물적 교류는 샤먼을 단순한 경제적 중심지일 뿐만 아니라, 문화적 교차로로서 기능하게 한 중요한 요인이다.

샤먼은 산지로 둘러싸인 독특한 지리적 조건을 가지고 있으며, 해양과 육지가 만나는 경계에서 다양한 자연경관을 형성하고 있다. 이러한 지리적 특징은 샤먼이 항구 도시로서뿐만 아니라 관광지로서도 발전하는 데 기여했다. 또한, 겨울은 온화하고 여름에는 습도가 높고 더운 날씨가 지속되는 기후적 특성이 이 지역의 생활 방식과 지역 축제 문화에 큰 영향을 미쳤다. 샤먼에서 열리는 대표적인 축제인 '샤먼 등불 축제'와 '샤먼 국제 마라톤 대회'는 해역 특성과 기후적 조건을 반영한 것으로 주요 행사로 자리 잡고 있다.

해역인문학적 시각에서 본 샤먼의 문화적 다양성

샤먼은 해역을 통해 다양한 문화를 받아들이고 이를 혼합하면서 독특한 문화적 풍경을 형성했다. 특히 동남아시아와 유럽의 영향을 강하게 받아 도시 곳곳에서 그 흔적을 찾을 수 있다. 샤먼의 구랑위(鼓浪嶼)는 과거 공공조계지로 유럽 국가들이 이곳에 정착하며 건축물을 세운 지역으로, 현재까지도 유럽풍 건축물들이 남아 있어 독특한 분위기를 자아낸다.

또 피아노 박물관, 해양사 연구를 이야기할 때 빼놓고 이야기

샤먼 구랑위섬(출처: 위키피디아)

할 수 없는 샤먼대학교와 같은 문화적 명소들도 샤먼의 해양적 교류를 통한 다채로운 문화적 영향을 보여준다. 이는 해역 공간이 단순히 물리적 경계를 넘어, 문화를 교차시키고 새로운 정체성을 형성하는 중요한 공간으로 작용했음을 가늠케 한다.

해양 교류와 대중문화

샤먼은 현대에 이르러 대중문화와 밀접한 관계를 맺고 있다. 특히 이 도시는 각종 영화 및 드라마 촬영지로 자주 등장한다. 이는 샤먼의 해양적 개방성과 아름다운 경관 덕분이다. 2021년에 방영된 중국 드라마 〈변성니적나일천(变成你的那一天): 네가 된 그 날〉이 샤먼에서 촬영된 대표적인 예이다. 이 드라마는 두 주인공의 영혼이 생일날 바뀌는 내용을 중심으로 한 로맨틱 코미디다. 이처럼 샤먼은 그 자체로 독특한 열린 공간으로서 해양 분위기와 풍경을 제공하며, 앞으로도 영화나 드라마 촬영지로서 더욱 주목받을 것이다. 이는 일찍이 개항장으로 발전해 온 해역 공간이 가진 개방성과 변화 가능성을 잘 보여주는 사례다. 결국 샤먼이라는 도시는 그 자체로 해양이 빚어낸 공간적, 문화적 교차로이다. 해역은 단순히 물리적 공간을 의미하는 것이 아니라, 인류의 교류와 변화를 촉진시키는 동력으로 작용해왔다. 샤먼은 이러한 해역성을 바탕으로 발전해 왔으며, 앞으로도 그 가능성을 더욱 확장해 나갈 것이다. 해역인문학적 관점에서 샤먼은 해양을 통해 다양한 문화와 경제적 변화를 받아들이고, 이를 바탕으로 새로운 형태의 정체성을 형성하는 중요한 도시로 자리매김하고 있다.

한커우의 지리적 특성과 해역인문학적 배경

한커우(漢口)는 중국 후베이성(湖北省) 내륙에 위치한 곳으로 바다가 아닌 강을 중심으로 성장한 상업 도시이다. 양쯔강(揚子江)의 지류인 한수(漢水)가 합류하는 지점에 자리 잡아, 초기에 내륙 수운을 기반으로 교역이 활발하게 이루어졌다.

1930년대 한커우(출처: 위키피디아)

이는 바다를 중심으로 한 해양 교역뿐만 아니라 강을 매개로 한 교류와 경제 활동이 매우 중요했던 중국 역사의 한 단면을 보여준다. 한커우는 이런 환경적 특성 덕분에 명나라와 청나라 시대에 주요 상업 중심지로 부상했다. 해역인문학적 관점에서 보면, 한커우는 바다 대신 강이 인간 사회와 문화의 교류를 촉진하는 중요한 경로로 작용한 사례다.

개항과 국제 교류의 확장

1858년 톈진조약 이후, 한커우는 외국 열강의 영향 아래 개항되며 본격적인 국제적 상업 중심지로 발전하기 시작했다. 이 시기에 영국, 독일, 일본 등의 나라들이 한커우에 조계를 설치했고, 내륙 수운을 통한 무역이 크게 확장되었다. 이러한 변화는 한커우가 단순히 지역적 중심지를 넘어, 국제적 교류의 중요한 거점으로 발전하게 했다. 바다 대신 강을 통한 교류가 이루어진 점에서, 해역인문학적 관점에서 내륙의 강과 같은 수계가 교역과 문명 발전에 중요한 역할을 했다는 것을 잘 보여준다. 한커우가 '동방의 시카고'라 불린 것도 시카고가 미국 내륙 수운의 중심지였던 것처럼, 한커우 역시 강을 통해 경제적 활동이 활발히 이루어졌기 때문이다.

우한 삼진의 통합과 교류 네트워크의 재편

1927년, 한커우는 한양과 우창과 함께 국민당 정부에 의해 통합되어 우한 삼진을 형성했다. 장강과 한수를 중심으로 발전한 이 세 도시는 강을 통한 상호작용과 교류를 지속해 왔으며, 이는 해역인문학에서 강이 단순한 경계를 넘어 지역을 연결하는 역할을 했음을 보여주는 사례다. 한커우는 이 과정에서 내륙 수운을 통한 상업적 활동의 중추로서 중요한 위치를 차지했다. 해역인문학적으로 보면, 한커우의 사례는 물리적 경계가 아닌 교류의 공간으로서 강의 역할을 재조명하는 중요한 사례다.

한커우의 문화적 재현과 해역인문학적 의미

오늘날 한커우는 여전히 우한의 경제 중심지로 기능하며, 네 개의 행정구역으로 나뉘어 있지만, 과거의 중요한 교역 중심지 역할을 이어가고 있다. 대중문화에서도 한커우는 자주 등장한다. 예를 들어 중국 드라마 〈너를 만난 여름〉에서 한커우의 주요 랜드마크인 창장가도(長江大道)가 나온다. 이처럼 한커우는 문학과 예술에서도 꾸준히 재현되고 있으며, 해역인문학적 관점에서는 강을 통한 인류의 교류와 문화적 확산의 상징적 도시로 이해할 수 있다. 강을 매개로 한 한커우의 발전은 물류와 상업을 넘어서, 강을 통해 이루어진 인간의 상호작용과 그로 인해 발전한 사회적, 경제적 네트워크를 보여준다. 해역인문학은 바다뿐만 아니라 강과 같은 내륙 수계를 통해 형성된 문명 간의 상호작용을 탐구하는 데 중요한 가치를 두며, 한커우는 그 대표적인 사례 중 하나로 평가될 수 있다.

해양 실크로드의 출발지 광저우

광저우(廣州)는 중국 남부에 위치한 항구 도시이다. 우리는 해양 실크로드의 주요 출발지 중 하나로 잘 알고 있다. 이 도시는 역사적으로 중요한 무역 중심지로서, 중국 내외의 상업적·문화적 교류를 이어주는 가교(架橋)역할을 했다. 특히 해역인문학적 관점에서 보면, 광저우는 단순히 물리적 공간 이상의 의미를 지닌다. 바다를 통해 연결된 수많은 문화가 이곳에서 만나면서, 다양한 인문적 상호작용이 일어났다. 광저우의 개항은 19세기 중반 아편전쟁 이후 이뤄졌다. 1842년, 청나라는 영국과의 전쟁에서 패배했고, 그 결과로 남경조약이 체결되었다. 이 조약을 통해 광저우는 영국과 서구 열강에 개방되었고, 이후 이 도시는 중국의 대외 무역의 주요 창구로 다시 떠올랐다. 개항이 이뤄지기 이전에도 광저우는 중요한 해상 교역의 거점이었지만, 개항 이후 그 역할이 더 확장되었다.

해역적 특성과 경제적 역할

광저우는 지리적으로 중국 남부의 주장(珠江) 삼각주 하구에 위치해 있다. 이는 베이징, 둥장, 주강 등 중국의 주요 강들이 모이는 지점으로, 이러한 하천망은 광저우를 자연스럽게 무역과 교류의 중심지로 만들었다. 해역인문학적 시각에서 광저우는 물리적 지형과 바다가 결합되어 국제 무역의 허브로 발전할 수 있는 조건을 갖춘 도시였다. 특히 명나라 시기에도 중국의 다른 항구들이 해금령으로 막혀 있던 동안, 광저우는 유일하게 동남아시아 각국의 조공선(朝貢船)이 드나들 수 있는 항구로 기능했다.

이처럼 광저우는 역사적으로 중국 내외의 상호작용이 이뤄지는 해역 중심지였다. 특히 청나라 시기 광저우 13행(十三行)은 중국과 서양 간의 무역을 담당하는 주요 창구였고, 이를 통해 광저우는 중국 경제와 상업의 중요한 역할을 했다. 그러나 아편전쟁 이후 서양 열강의 침략과 함께 상하이가 새롭게 부상하면서, 광

광저우 CBD 탑(출처: 위키피디아)

저우의 경제적 독점 지위는 약화되었다. 이렇게 침체기를 맞이하였지만, 개혁개방 이후 또 한 번 도약의 기회를 맞이했다.

　20세기 후반에 광저우는 중국의 남부 무역항으로서 상하이, 베이징과 어깨를 나란히 하는 도시로 성장했다. 특히 일대일로(一帶一路) 정책의 일환으로 광저우는 새로운 신실크로드의 핵심 도시로 자리 잡고 있다.

해역인문학적 시각에서 보면, 광저우는 단순히 경제적 허브가 아닌, 바다를 통해 세계와 소통하는 역사적·문화적 교차로였다. 이러한 광저우의 역사는 오늘날까지 이어지며, 중국의 현대화를 대표하는 도시로 거듭나고 있다.

해역 대중문화 속 광저우

광저우는 중국의 대중문화 상징으로서도 중요한 역할을 해왔다. 이를 잘 보여주는 작품 중 하나가 바로 쉬커 감독의 영화 〈황비홍〉이다. 이 영화는 19세기 중반, 아편전쟁 직후의 광저우를 배경으로 하고 있으며, 서구 열강과 전통 중국 사회 사이의 갈등을 중심으로 이야기를 전개된다. 영화 속 주인공 황비홍은 중국의 전통을 지키고자 하는 인물로 등장하지만, 그와 함께하는 캐릭터들은 서구 문명을 받아들이거나 충돌하는 모습을 보여준다. 이 영화는 단순한 무술 영화에 그치지 않고, 서구 문명의 도래에 따른 중국 사회의 갈등과 변화를 상징적으로 보여준다. 특히, 영화 속에서 황비홍이 결국 서양식 양복을 입고 사진을 찍는 장면은 중국이 서구와의 관계 속에서 어떻게 현대화를 추구할 것인가를 묻는 중요하고 상징적 장면이다. 이는 단순한 한 컷의 장면이지만 개항장의 광저우, 그리고 서양문물의 유입과 더불어 변화된 삶의 가치, 이것을 해역인문학의 시선에서 꼼꼼히 바라봐야 할 필요가 있다.

덩저우를 대신해 열어준 옌타이

1858년의 톈진조약은 청나라와 서구 열강 사이의 불평등한 조약 중 하나로 덩저우를 비롯한 10개의 항구가 개항되도록 규정했다. 당시 프랑스와 영국은 산둥 지역에 새로운 항구를 개설하려고 했고, 덩저우(鄧州)는 서구 열강의 주요 목표 중 하나였다. 하지만 실제로 개항된 항구는 덩저우가 아닌 옌타이(煙臺)였다.

옌타이 해변(출처: 위키피디아)

1861년 영국의 덩저우 주재 영사 로버트 모리슨은 항구 조사에서 덩저우항이 수심이 얕아 대형 선박이 접근하기 어렵다는 문제를 발견했다. 이에 비해 옌타이항은 지리적으로 유리하고 수심이 깊으며 물자도 풍부해 훨씬 더 적합한 항구로 평가되었다. 그 결과 옌타이가 개항되었고, 이는 톈진조약의 일부 위반이었으나 청나라는 영국과의 협상을 통해 이 문제를 원활히 해결했다.

옌타이의 개항은 지역 경제에 큰 영향을 미쳤으며, 이와 함께 설립된 동해관은 외국의 통제 밑에 운영되었지만, 항구 무역 발전에 중요한 역할을 했다. 동해관(東海關)의 엄격한 관리 끝에 밀무역(密貿易)이 억제되었고, 이는 청나라의 재정에 긍정적인 영향을 미쳤다. 또한, 항구 건설과 도시의 근대화도 촉진되었다.

옌타이의 해역 네트워크와 조선

옌타이 개항 후, 주요 국제 무역 대상국 중 하나는 조선이었다. 지리적 근접성도 있지만 옌타이와 조선 간의 무역은 인천 개항 이후 빠르게 성장했고, 이에 따라 양국 간의 인적 교류도 활발해졌다. 1886년에는 옌타이와 조선 간의 여객 운송이 시작되었고, 이듬해에는 운송 사업이 더욱 활성화되었다. 이로 인해 옌타이에는 많은 노동자와 상인이 모이기 시작했다. 특히, 화물 운송을 담당하는 육체노동자와 기름 생산과 관련된 일에 종사하는 사람들이 많았다. 옌타이항에서는 콩류가 주로 수출되었기 때문에 기름집과 관련된 노동자가 많았고, 인구 유입과 함께 다양한 상점과 여관 등 서비스업도 발전했다. 또 옌타이의 해역 네트워크는 지역 경제에 큰 영향을 미쳤다. 광동 출신 화교 중 한 명이 이러한 네트워크를 활용해 와인공장을 창립했다. 이 공장은 아시아에서 가장 큰 와인공장으로 성장했으며, 옌타이의 발달한 항구와 해상 운송망 덕분에 상품 판매와 원자재 구매가 수월했다. 그러나 옌타이의 빠른 발전에도 불구하고 도시 구조에는 여러 문제가 존재했다. 도로는 좁고 배수로는 제대로 설치되지 않아 도시 주민들은 위생 문제와 질병에 시달렸다. 여타 중국의 개항장에 비해 열악한 상황임을 알 수 있다.

해역 문화 속 옌타이

옌타이의 해역 문화와 역사는 오랜 세월 동안 그 지역 사람들의 삶과 밀접하게 얽혀 있다. 왕웨펑의 저서 『옌타이전: 산둥반도의 형과 혼』에서는 옌타이의 역사와 전설, 인물, 그리고 오늘날의 발전 모습을 보여준다. 왕웨펑은 30여 년간 옌타이에서 살며 그 지역의 문화를 직접 경험한 인물로, 그가 기록한 옌타이의 모습은 단순한 역사적 기록을 넘어, 그 지역이 가진 독특한 성격과 해역 네트워크 속에서의 위치를 잘 보여준다. 그의 저서에서는 실크로드와 같은 교역로와 옌타이의 해역 네트워크가 지역 주민들의 성격과 문화에 어떤 영향을 미쳤는지 설명하며, 이 모든 것이 옌타이라는 항구 도시의 형성과 발전에 중요한 역할을 했음을 강조하고 있다. 옌타이는 지리적 위치뿐 아니라, 해역 네트워크 속에서 다양한 문화와 교류를 이루어낸 도시로, 해역 교역의 중심지로서의 정체성과 독특한 지역 문화를 만들어 냈다. 이러한 측면에서 옌타이는 단순히 하나의 항구 도시를 넘어서, 역사적, 문화적 유산을 통해 오늘날까지 이어지는 중요한 해역 문화의 중심지로 도시의 해역인문학적 자원을 지속적으로 발굴해 낼 필요가 있다.

해역과 주룽의 만남

주룽(九龍)은 홍콩 특별행정구의 일부분이다. 특히 주룽은 지리적 위치와 역사적 배경으로 볼 때 해역을 중심으로 한 교류의 요충지이다. 주룽반도는 9개의 산봉우리에서 유래된 이름을 가지고 있으며, 이는 도시를 자연과 함께 상징하는 중요한 요소로 작용한다. 바다와 맞닿아 있는 이 도시의 지리적 특징은 단순한 물리적 환경을 넘어 사람과 문화의 흐름을 결정짓는 중요한 조건으로 작용해왔다. 주룽은 역사적으로 해상 무역과 해역을 통한 교류가 활발했던 항구 도시로서 기능해 왔으며, 이는 오늘날까지도 그 성격을 유지하고 있다. 이를 통해 주룽은 중국 본토와 외부 세계를 연결하는 중요 문턱 역할을 하며, 해역을 매개로 한 복합적 도시 문화가 발달했다.

해상 교류와 도시의 형성

주룽의 개항과 발전은 아편전쟁 이후 영국의 점령과 관련이 깊다. 해역을 통한 교역이 활발히 이루어졌던 이곳은 영국과 중국 간의 갈등과 화해의 장이 되었다. 특히 난징 조약 이후 홍콩과 주룽은 영국에 양도되었고, 이로 인해 항구 도시로서 지위가 공고해졌다. 주룽은 해양을 매개로 한 다양한 상업 활동이 이루어졌고, 이는 곧 세계 여러 나라와의 교류로 이어졌다. 이 과정에서 주룽은 국제적인 무역항으로 성장했으며, 해양 교역의 중심지로 발전하게 되었다. 해역을 통한 교류는 주룽이 단순한 무역항 이상의 의미가 있다. 이곳을 통해 중국 본토로 물자가 유입되고, 다양한 외국 문물이 교차하면서 주룽은 다층적인 문화적 경관을 형성했다. 이는 주룽의 건축물과 사회 구조에도 반영되어 오늘날까지도 그 흔적을 찾을 수 있다.

인구 밀집의 문화풍경

주룽은 인구 밀도가 세계에서 가장 높은 지역 중 하나로, 해양을 통한 인적 이동이 그 원인이다. 19세기 후반부터 본격적으로 형성된 주룽의 항구는 다양한 민족과 계층이 모여드는 혼종의 공간으로 발전했다. 이는 주룽이 가진 해역 도시로서의 특성 덕

1989년 비행기에서 본 주룽성채(출처: 위키피디아)

분에 가능했다.

주룽은 중국 내전과 일본 침략을 겪으며 대규모 난민이 유입
된 장소이기도 하다. 해상 경로를 통해 본토에서 유입된 난민들
은 주룽을 새로운 정착지로 선택했고, 이로 인해 주룽은 여러 문
화가 충돌하고 융합되는 공간으로 변모했다. 주룽의 야시장과 네
온사인 가득한 거리 풍경은 이러한 다양한 문화적 충돌과 융합을
상징적으로 보여주는 대표적 해역 언어경관을 선사한다. 또 하나
주룽성채(九龍城砦) 또는 주룽채성(九龍寨城)이라고 부르던 중화
인민공화국의 관할 구역은 주룽의 해역 특징이 가장 잘 녹아 있
는 장소 중 하나이다. 원래 청나라의 국경 요새였던 이곳은 홍콩
이 영국에 넘어간 후 치외법권의 공간으로 남게 되었다. 이후 난

민과 범죄 조직이 밀집하면서 주룽성채는 사실상 무정부 상태의 고층 슬럼으로 변모했다. 주룽성채는 도시가 해역을 매개로 확장하면서 발생한 이면적 모습을 상징하는 공간이었다.

이곳은 질서와 통제가 사라진 채로 해상 교역을 통해 밀려든 다양한 사람들이 생존을 위한 공간으로 변형시켰고, 그 과정에서 독특한 슬럼 문화를 만들어냈다. 1993년 철거된 주룽성채는 현재 사라졌지만, 주룽의 복잡한 역사와 해역적 특성을 잘 보여주는 유산으로 남아 있다.

해역을 통한 문화와 예술의 교차

주룽은 해역을 통한 다양한 문화적 교류가 이루어진 장소로, 이를 배경으로 한 예술 작품도 다수 존재한다. 특히, 홍콩 영화나 문학작품에서는 주룽의 복잡한 도시 구조와 역사적 배경을 활용한 작품들이 많다. 영화나 소설 속 주룽성채의 혼란스러운 모습과 그 속에서 살아남는 인간 군상을 생생하게 그려내기도 한다. 이는 해역 도시 주룽이 가진 문화적 복합성과 그 안에 존재하는 소외된 사람들의 이야기를 담아낸 것이다. 홍콩 영화의 배경 속에서 해양을 통해 유입된 다양한 사람들이 만들어 낸 디스토피아 (dystopia) 도시 풍경이 자주 묘사된다. 또 〈중경삼림(重慶森林)〉 같은 영화는 주룽의 복잡한 인구 이동과 그 안에서 발생하는 인간관계의 단면을 보여준다. 이러한 예술 작품들은 주룽이라는 해역

영화 〈중경삼림〉 포스터

도시가 단순히 교역의 중심지를 넘어서, 그 속에서 살아가는 사
람들의 삶과 문화를 드러내는 해역인문학적 요소를 무한하게 품
고 있는 중요한 매개체로 작용한다는 것을 보여준다.

바다로 열린 섬, 일본
: 고베, 니가타, 하코다테

개항의 상징도시 고베

고베(神戶)는 일본 해역의 중요한 거점으로, 오랫동안 다양한 문명과 문물이 교차하는 장소였다. 일본은 에도시대에 국가 봉쇄 정책을 유지했지만, 19세기 중반 미국의 매튜 페리 함대가 내항하면서 고베는 서구와의 교류를 시작하는 개항 도시로 부상했다. 1854년에 체결된 고베 조약은 미국 선박이 고베항을 이용할 수 있도록 허용했고, 이는 일본이 세계와 연결되는 첫 번째 단계가 되었다. 고베는 이로 인해 외부 문화를 흡수하고 일본의 근대화에 중요한 역할을 하게 되었다. 고베항 개항 이후 고베는 다양한 문물이 유입되었고, 중에서도 중국인들이 정착하면서 형성된 난킨마치(南京町)를 중요한 예로 볼 수 있다. 이 차이나타운은 상업적 교류뿐만 아니라 해양을 통해 들어온 타자(他者) 문화를 받아들이고, 그것을 도시 일부로 흡수한 상징적인 공간이다. 난킨마치는 고베가 서양과 동양의 교차점에서 다양한 문화를 포용하고 발전해 온 해역 도시임을 잘 나타낸다.

고난과 회복의 해역 도시

고베는 번영한 해역 도시였지만, 자연재해로 인해 많은 시련을 겪었다. 1938년의 대홍수, 1942년의 대공습, 1995년의 한신·아와지 대지진(阪神·淡路大震災)은 고베의 역사에 깊은 상처를 남겼다.

이들 재난은 고베가 바다로 인해 번영했지만, 동시에 그 위치적 특성 때문에 끊임없는 재난의 위협을 받고 있음을 상기시킨다. 신카이 마코토 감독의 애니메이션 〈스즈메의 문단속(すずめの戸締まり)〉은 이러한 고베의 재난 경험을 바탕으로, 지진과 같은 재난 속에서 인간이 겪는 상실과 회복을 묘사하며 도시와 바다의 상호작용을 예술적으로 표현하고 있다. 그리고 해역임을 기억하게 하는 공간인 메리켄파크는 고베의 개방적 역사와 서구 문물이 일본에 처음으로 들어온 교차로를 상징한다. 여기서 말하는 '메리켄(メリケン)'이라는 단어는 미국을 뜻한다. 주로 19세기 후반부터 20세기 초까지 '미국(アメリカ)'을 가리키는 말이었다. 이 어휘는 영어의 'American'에서 유래했으며, 일본식으로 음차된 형태이다. 따라서 일본은 서구 문명과 처음으로 접촉한 상징적 공간으로 메리켄파크라고 이름 붙였다. 또 이곳은 고베가 겪은 재난과 그 후의 회복을 기념하는 장소로, 1995년 대지진의 피해를 기억하기 위한 '고베항 지진 메모리얼 파크'가 조성되어 있다. 이 공원

고베항의 모습(출처: 위키피디아)

은 고베가 바다를 통해 성장했으면서도 재난을 딛고 재생하는 과정을 상징적으로 보여준다. 오늘날 메리켄파크는 고베의 국제적 교류와 해역 아이덴티티를 상징하는 공간이다. 바다를 통해 들어온 다양한 문물과 문화, 그리고 재난을 극복한 역사를 바탕으로, 고베는 미래에도 지속 가능한 해역 도시로서 발전할 가능성을 응축하고 있다. 메리켄파크는 이러한 고베의 역사적 흐름과 바다와의 관계를 상징하는 중요한 장소이며 고베는 앞으로도 해역 도시로서의 정체성을 강화할 것이다.

뒤쪽 일본이라 차별받아 온 개항 도시 니가타

니가타(新潟)의 역사와 그 발전 과정을 해역인문학적 관점에서 살펴보면, 니가타는 일본 내의 개항 도시 중에서도 독특한 위치를 차지하고 있다. 해역인문학은 해양을 중심으로 형성된 역사, 문화, 교류를 연구하는 학문으로, 니가타항의 개항과 발전은 이러한 관점에서 중요한 사례로 다루어질 수 있다. 니가타는 1858년 미일수호통상조약에 의해 개항장으로 지정되었지만, 항구의 수심이 얕아 실제 개항은 1869년에 이루어졌다. 개항 이후 니가타는 일본의 동해안과 관서 지방을 연결하는 주요 무역항으로 성장했으며, 이는 니가타항이 일본 내륙뿐만 아니라 국제적으로도 중요한 해양 교역 거점으로 자리 잡는 계기가 되었다. 이러한 점에서 니가타항의 역할은 단순한 지역 항구를 넘어 동아시아

니가타 시나노강의 모습(출처: 위키피디아)

해양 네트워크에서 중요한 연결고리로서 기능했다고 볼 수 있다. 다만 일본 내에서는 뒤쪽 일본(裏日本, 우라니혼)이라는 말로 중요한 개항장임에도 차별적 대접을 감내하고 있다.

국제적 해역 교류의 장

니가타항은 초기부터 수산물과 어업 장비의 교역이 주를 이루었으며, 이는 20세기 초반에도 계속되었다. 특히 사할린(樺太, 가라후토)에서 수입한 생선은 니가타항의 중요한 교역품이었고, 이 시기의 교역은 일본과 만주의 자원 및 식량을 연결하는 주요 통로였다. 이처럼 니가타항은 일본 내에서뿐만 아니라 동아시아 전역의 해양 교역에서 중요한 위치를 차지했다. 일본 정부는 메이지 시대에 들어서 니가타항의 중요성을 인식하고, 정책적으로 항만을 확장하고 정비하려 했지만, 실제 공사는 진행되지 못했다.

역사적 아픔과 디아스포라

니가타는 단순한 무역항을 넘어, 일본 역사 속에서 다양한 디아스포라와 소수 민족의 이동을 목격한 장소이기도 하다. 1922년, 시나노강(信濃川) 발전소 건설 현장에서 조선인 노동자들이 학살당한 사건은 니가타의 역사적 아픔 중 하나로 기억되고 있다. 또한, 아시아태평양전쟁 시기에는 많은 한국인이 징용과 징병으로 니가타항에서 떠났으며, 1959년부터 1984년까지는 북한으로 향하는 북송선이 니가타항에서 출발하기도 했다. 이러한 역사적 사건들은 니가타가 단순한 무역항 이상의 상징적 공간으로서, 소수자(少數者) 그리고 디아스포라 문제와 깊은 연관이 있음을 보여준다.

현대적 발전과 글로벌화

오늘날 니가타는 과거의 해양 네트워크와 전통을 기반으로 새로운 산업과 물류 거점으로 발전하고 있다. 니가타항은 동북아 물류의 중요한 거점으로서, 부산, 중국, 동남아시아와 연결된 정기 항로를 운영하며 경제적 글로벌화를 추진하고 있다. 또한, 니가타현은 항만과 공항을 통해 국제 교류를 확대하고 있으며, 이러한 발전은 해역인문학적 관점에서 지역이 어떻게 세계와 연결되고 있는지를 보여주는 좋은 사례이다. 니가타는 일본의 개항 역사와 해양 교역에서 중요한 위치를 차지하는 동시에 앞서 설명한 것처럼 디아스포라와 소수자 문제, 그리고 문학적 상징성을 통해 다층적인 의미를 지닌 도시이다. 해역인문학적 관점에서 니가타를 재조명하는 것은 이 도시는 일본의 역사와 문화를 이해하는 중요한 창구 역할을 하고 있다.

해역인문학적 재현과 니가타의 상징성

니가타는 또한 문학과 예술 속에서 상징적인 해역 도시로 재현(再現)되어 왔다. 가와바타 야스나리(川端康成)의 소설『설국(雪国)』에서 니가타는 '설국'으로 묘사되며, 도쿄의 현대성과 대비되는 전근대적이고 원시적인 공간으로 그려진다. 또한, 1922년에 일어난 조선인 학살 사건은 김달수의『밀항자』, 김시종의『장편 시집 니이가타』등 여러 문학작품에서 다루어지며, 니가타는 귀국선의 출발지로서 재일조선인들에게 중요한 심상 지리로 자리 잡았다. 이러한 해역인문학적 재현은 니가타가 단순한 지리적 공간이 아니라, 역사적, 문화적 상징성을 지닌 장소로 인식되도록 만들어 놓고 있다.

변경(邊境)의 경계, 하코다테

하코다테(函館)는 일본 홋카이도의 남쪽 끝에 위치한 항구 도시로, 일본 본토와 에조치(蝦夷地)의 경계에서 오랫동안 다양한 문화와 세력의 상호작용이 이루어진 장소다. 에조치는 아이누(ア イヌ) 민족이 주로 거주하던 지역으로, 이곳에서 일본의 화인(和 人)과 아이누 간의 교류와 갈등이 빈번히 발생했다. 중세 시기부터 홋카이도는 일본과 분리된 지역으로 인식되었으며, 이곳의 정체성은 이국적이고 변경적(邊境的) 성격을 띠었다. 12세기 이후 일본 본토에서 이주해 온 사람들은 어로와 무역, 생산 활동을 통해 에조치 남쪽 지역에 정착하기 시작했으며, 이 과정에서 아이누와

하코다테시에서 바라본 항구의 모습(출처: 위키피디아)

충돌이 일어나기도 했다. 이러한 상황 속에서 하코다테는 교역과 갈등이 교차하는 지역으로 기능했으며, 일본의 확장과 방어 전략에 따라 점차 중요한 항구로 자리 잡았다.

해역 공간과 제국의 확장

18세기 말 일본은 북쪽으로부터 러시아의 위협을 인식하게 되었고, 이를 방어하기 위해 에조치에 대한 관심을 높였다. 1799년, 막부는 마쓰마에번(松前藩)의 힘만으로 에조치를 방어하는 데 한계를 느끼고 하코다테를 포함한 동부 지역의 직할 통치를 실시

했다. 이때 하코다테는 에조치 방어의 거점으로 떠올랐고, 이후 1854년 미일화친조약에 의해 공식적으로 개항하면서 일본의 해양 전략의 중심지로 변모하게 된다. 서구 열강들의 진출이 본격화되면서 하코다테는 러시아, 영국, 미국 등 다양한 국가의 관심을 받게 되었고, 단순한 항구 이상의 군사적, 상업적 의미를 지니게 되었다. 미국은 하코다테를 피항지(避港地)로 활용하고자 했으며, 영국은 중국과의 교역 확장의 거점으로 삼았다. 러시아는 이곳을 해군의 휴양지이자 군함의 보급 및 수리 기지로 활용하면서 하코다테는 다양한 외국 세력의 이해관계가 복잡하게 얽힌 국제적 항구로 발전했다.

문화적 접변이 만들어 낸 혼종의 공간 하코다테의 정체성

하코다테는 개항 이후 여러 나라의 문화가 유입되고, 일본 본토 각지에서 이주한 사람들까지 더해져 복잡하고 혼종적인 문화적 양상을 띠게 되었다. 일본의 전통문화, 에조치의 토착 문화, 그리고 서양의 근대 문화가 뒤섞여 새로운 도시 정체성을 형성하게 된 것이다. 하코다테는 특히 개항 도시로서 외국 상인들과의 교류가 활발했으며, 서양식 성곽인 고료가쿠(五稜郭)의 설치는 하코다테의 방어적 중요성을 상징하는 동시에, 서구 문물을 적극적으로 수용한 사례로 볼 수 있다.

하코다테는 이러한 문화적 접변 과정을 통해 독특한 로컬리티를 형성했다. 다양한 문화가 충돌하고 교류하는 과정에서 하코다테는 개방적이고 혼종의 성격을 가지게 되었으며, 이는 도시의 발전과 상업적 번영을 이끄는 중요한 동력이 되었다. 다른 개항 도시와는 달리 하코다테는 일본의 북쪽 변경에 위치한 만큼 이질적인 문화와의 접촉이 일상적이었기 때문에 보다 진보적이고 실용적인 도시의 성격을 가지게 되었다.

해역인문학적 시각에서 본 하코다테

해역인문학적 관점에서 볼 때, 하코다테는 단순한 일본의 북쪽 항구가 아니라, 동북아시아와 서구 열강들이 만나는 해양의 경계에서 중요한 교차점 역할을 해 왔다. 이곳은 일본과 아이누, 서양 세력들 간의 다양한 상호작용이 이루어지던 공간이었으며, 이러한 역사적 경험은 하코다테를 일본 내 다른 도시들과 차별화된 개항 도시로 만들었다. 하코다테는 다양한 문화적 충돌과 수용을 통해 혼종적인 문화를 창출하였고, 이러한 문화적 접변의 과정은 지역민들의 주체적인 선택과 결합되면서 독자적인 도시 정체성을 확립하게 했다. 이는 해역인문학이 강조하는 해양 공간의 복합성과 상호작용을 잘 보여주는 사례이다. 또 하코다테의 발전 과정은 바다와 육지, 그리고 다양한 문명들이 만나는 접촉지대(Grey Zone)로 해역인문학적으로 볼 때에도 매우 의미 있는 공간이다.

9장

해역 위의 언어풍경

: 변천과 현재

어촌, 전통과 현대의 경계에서

우리나라 어촌은 바다를 중심으로 형성된 독특한 사회경제적 환경에서 다양한 어종과 자연환경을 바탕으로 지속 가능한 어업을 유지해 왔다. 어촌은 1차 산업의 생산지로서 중요한 역할을 했을 뿐 아니라, 지역 공동체로서 고유한 기층문화와 생활 방식을 유지하며 발전해 왔다. 그러나 현대 사회의 변화와 더불어 어촌의 환경 또한 급격히 변하고 있다. 특히, 해양수산부가 발표한 어촌 활성화 대책은 어촌의 문화적, 역사적, 생활적 가치를 재정립하는 데 중요한 역할을 하고 있다. 이러한 대책은 어촌이 '어촌다움'을 유지하면서도 현대 사회의 변화에 맞추어 발전할 수 있도록 돕고 있다.

코로나19 이후, 도시의 밀집된 환경에서 벗어나 자연에 가까운 삶을 추구하는 경향이 강해지고 있다. MZ세대를 중심으로 한 '촌캉스'와 같은 새로운 트렌드는 어촌, 농촌, 섬으로 향하는 사람들의 흐름을 더욱 촉진시켰다. 이는 단순한 유행이 아니라 삶의 질을 개선하기 위한 새로운 패턴으로 자리 잡고 있다. 또 도시의 안전 문제와 결합된 팬데믹 이후 상황은 귀어·귀촌 경향을 가속화시켰고, 이는 어촌 지역의 인구 유입과 경제적 활력으로 이어지고 있다. 어촌을 배경으로 한 여러 예능 프로그램도 사람들의 관심을 끌고 있다. 예를 들어 〈삼시세끼 어촌편〉, 〈섬총사〉, 〈안싸우면 다행이야〉 등의 프로그램은 어촌의 힐링 라이프를 부각시키며, 시청자들에게 어촌에 대한 긍정적 이미지를 심어주었다. 이러한 프로그램들은 어촌을 단순히 소개하는 데 그치지 않고, 어촌에서의 삶을 하나의 트랜드로 자리 잡게 하는 데 중요한 역할을 했다.

어촌의 '어촌다움'을 현대적으로 재해석하는 과정에서 중요한 점은 단순히 과거의 전통적 가치를 보존하는 것이 아니라, 시대적 변화에 맞춰 발전시키는 것이다. 하지만 아직까지 '어촌다움'을 체계적으로 연구한 사례는 부족하다. 특히, 어촌의 라이프스타일과 인문학적 본질을 깊이 있게 탐구하려는 시도는 미흡한 상황이다. 따라서 해역언어학적 관점에서 어촌의 언어경관, 예를 들어 상점 간판이나 공공 표지판 등의 시각적 언어 요소들을 연구할 필요가 있다. 이러한 연구는 어촌의 문화적 정체성을 나타내는 중요한 자료가 될 수 있으며, 어촌의 심리적·경제적 자존감을 회복시키는 데도 기여할 수 있다. 결국, '어촌다움'은 전통을 보존하면서도 현대 사회의 요구에 맞추어 어촌의 가치를 재해석하는 과정으로 볼 수 있다. 어촌의 라이프스타일뿐만 아니라 언어경관 연구를 통해 어촌의 문화적 정체성을 재조명하는 것은 중요한 과제다. 이러한 연구는 향후 해역인문학적 정책 제언으로 이어져 어촌 지역의 활성화뿐만 아니라 주민들의 삶의 질을 향상시키는 데 큰 기여를 할 수 있을 것이다.

어촌다움의 정체성과 언어경관

한국의 어촌은 오랜 세월 동안 수산업을 중심으로 형성된 사회이다. 이곳은 국가 경제와 문화의 중요한 부분을 차지해 왔다. 그러나 현대화와 도시화가 빠르게 진행되면서 어촌은 인구감소, 경제적 침체, 생활 기반의 취약성 등의 문제에 직면하게 되었다. 특히 고령화와 저출산으로 인한 인구감소는 어촌 사회의 쇠퇴를 가속화하는 요인 중 하나로 자리 잡고 있으며, 어촌의 전통적인 삶의 방식과 문화는 점차 사라져 가고 있다. 이에 따라 어촌의 정체성, 즉 '어촌다움'을 회복하고, 어촌 지역의 경제적·문화적 활력을 되찾기 위한 노력이 필요하다는 요구가 커지고 있다.

'어촌다움'이란 어촌이 가진 고유의 자연환경, 생활 방식, 문화적 특성을 의미하며, 이를 유지하고 회복하는 것은 어촌 지역의 경제적 재생과도 밀접하게 연결되어 있다. 특히 어촌다움은 어촌 사회의 심리적 자존감을 회복시키고, 외부 관광객들에게 어촌의 매력을 전달하는 중요한 요소로 작용할 수 있다. 이러한 어촌다움을 회복하기 위해서는 어촌 사회가 가진 고유한 문화적 특성과 정체성을 보존하고 강화할 수 있는 구체적인 방안이 필요하다.

이 책은 어촌의 언어경관에 주목하여, 어촌다움을 시각적으로 드러내는 언어적·문화적 요소를 살펴보고자 하였다. 여기서 언어경관(Linguistic Landscape)이란 특정 지역의 공공장소에서 나타나는 언어적 표지, 간판, 표지판 등의 시각적 요소를 의미하며, 이는 해당 지역의 사회·문화적 배경을 반영하는 중요한 수단으로 작용한다. 특히 이 책에서 살펴볼 어촌의 언어경관은 어촌 지역의 생활 방식과 문화를 시각적으로 표현하며, 이를 통해 어촌의 정체성과 '어촌다움'이 무엇인지에 대한 기본 명제에 답할 수 있을 것이다. 나아가 어촌 지역의 언어경관을 분석하여 보다 선명한 어촌다움을 회복하기 위한 정책적 방안이 무엇인지에 대해서도 해역인문학적으로 답해보고자 한다.

해역다움, 바다와 지역 정체성

해역다움은 바다를 중심으로 한 지역의 정체성과 생활 방식, 그리고 그로부터 파생된 문화적 특성을 반영한 언어적 경관을 의미한다. 해역은 단순한 지리적 공간에 그치지 않고, 그 지역 사람들의 삶과 경제 활동을 형성하는 중요한 요소로 작용한다. 해안선 주변의 상호명이나 지명은 이러한 해역다움을 드러내는 대표적인 예다. 예를 들어, 동해의 '대포수협 위판장'이나 '대포 대게 직판장' 같은 이름들은 그 지역이 어업과 수산물 거래를 중심으로 경제 활동을 하고 있음을 직관적으로 보여준다. 이러한 상호들은 단순한 지명 이상의 의미를 가지며, 그 지역이 바다와 깊은 연관이 있다는 것을 나타낸다.

사실 해역다움은 지역의 언어적 경관을 통해 더 구체적으로 드러난다. 해안가나 항구 근처에 있는 상점, 식당, 수산업체들의 상호는 대부분 해양과 관련된 자원을 중심으로 구성되어 있다. '정동 대게 횟집', '장터 물회' 같은 상호명은 그 지역이 주로 해산물이나 수산물을 기반으로 경제 활동을 하고 있음을 보여준다. 이러한 상호들은 바다에서 나오는 자원에 의존하는 지역 경제의 특성을 반영하며, 바다와 관련된 생활 방식을 유지하고 있는 지역 주민들의 삶을 나타낸다. 따라서 해역다움은 단순한 지명 이상의 의미를 가지며, 바다와의 긴밀한 관계를 드러내는 중요한 요소로 작용한다.

어촌다움, 경제와 문화가 어우러진 삶의 방식

어촌다움은 해안가에 위치한 어촌 지역의 독특한 생활 방식과 그로부터 형성된 문화적·경제적 특성을 반영하는 개념이다. 어촌 지역은 주로 어업과 관련된 생업을 중심으로 구성되며, 이러한 경제적 활동은 그 지역의 언어적 경관에도 강하게 반영된다. 어촌다움은 지역 주민들이 어업을 중심으로 삶을 영위하는 과정에서 자연스럽게 형성되며, 그 지역의 정체성과 문화적 특징을 나타낸다. 예를 들어, '어부횟집', '해녀수산' 같은 상호들은 그 지역이 어업과 수산물을 중심으로 경제 활동을 하고 있음을 보여준다. 이러한 상호들은 단순한 상점이나 식당의 이름이 아니라, 그 지역이 어촌이라는 정체성을 드러내는 중요한 상징이 된다. 어촌다움은 그 지역의 경제 활동과 밀접한 관계를 맺고 있는 상호명이나 지명에서 두드러지게 나타난다. 어업과 낚시 활동이 주를 이루는 어촌에서는 이를 반영한 상호명과 지명이 흔히 보인다. 예를 들어, '대포어촌계 활어보관장', '오천항 자연낚시' 같은 상호는 그 지역이 어촌으로서의 특성을 갖추고 있으며, 어업 활동이 중요한 생업임을 보여준다. 이러한 상호들은 그 지역의 경제적 기반이 어업과 해산물에 있다는 것을 나타내며, 이를 통해 어촌다움을 형성한다.

해역다움과 어촌다움이 어우러진 어촌

해역다움과 어촌다움은 별개의 개념이지만, 동전의 앞뒷면처럼 서로 밀접하게 연결되어 있다. 해역다움은 바다를 중심으로 한 지역의 특성을 나타내며, 어촌다움은 그 지역이 어업을 중심으로 경제 활동을 하는 어촌임을 강조한다. 두 개념은 바다를 중심으로 한 지역의 경제 활동과 문화적 특성을 나타내며, 이를 통해 그 지역의 정체성을 강화한다. 어촌은 해역의 일부로서 바다와 밀접한 관계를 맺고 있으며, 어촌다움은 해역다움을 구체화하는 역할을 한다. 해역이 어촌의 경제적 기반을 제공하는 반면, 어촌은 해역의 특성을 반영한 생활 방식과 문화를 형성한다. 예를 들어, 어촌에서 볼 수 있는 상호명이나 간판은 대부분 바다와 관련된 내용을 포함하고 있으며, 이는 해역다움과 어촌다움이 함께 어우러져 그 지역의 독특한 정체성을 형성하고 있음을 보여준다. 이러한 상호작용을 통해 해역과 어촌의 언어적 경관은 그 지역의 사람들과 문화, 경제 활동이 바다와 어떻게 연결되어 있는지를 나타낸다.

언어경관을 통해 다시 보는 어촌의 매력

한국 어촌의 언어경관 분석 사례를 통해 어촌다움을 회복하기 위한 구체적인 방안을 제시하고자 한다. 이를 위해 남해, 동해, 서해, 제주해 등 한국의 주요 어촌 지역을 대상으로 언어경관을 조사하고, 각 지역의 상점 간판, 공공 표지판 등 다양한 시각적 언어 요소를 분석하였다. 조사 대상은 국가 어항으로 지정된 주요 어촌을 중심으로 선정했으며, 각 지역의 언어경관이 어떻게 어촌의 정체성과 문화를 반영하고 있는지를 중점적으로 살펴보았다.

연구 방법으로는 '다음(Daum) 로드뷰'와 같은 온라인 지도 서비스를 활용하여, 어촌 지역에 위치한 상점 간판과 표지판, 공공시설물의 시각적 언어 요소를 분석했다. 특히 상점명과 간판 디자인, 공공 표지판 등에 사용된 언어적 요소를 통해 각 지역의 생활 방식, 경제적 특성, 문화적 정체성을 도출하고자 했다. 이러한 분석을 통해, 어촌의 언어경관이 그 지역의 정체성과 밀접하게 연결되어 있음을 확인할 수 있었다.

각 어촌 지역의 언어경관을 비교함으로써, 지역별 어촌다움의 차이와 공통점을 파악하고, 이러한 결과를 바탕으로 어촌다움을 회복하기 위한 구체적인 정책적 제안이 가능하다. 이 연구는 어촌의 고유한 정체성을 유지하면서도 현대적 요구에 부응하는 방법을 모색하는 데 있어 중요한 자료로 활용될 수 있을 것이다.

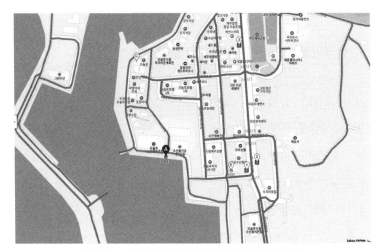

다음(Daum) 로드뷰 화면캡처-제주 모슬포항으로 검색

다음(Daum) 로드뷰 화면캡처-제주 모슬포항의 과거와 현재

남해다움, 전통을 잇는 현대적 감각

녹동항은 남해의 주요 어항으로, 1970년대에 개발되었으며 여객터미널을 통해 주변 섬들과 연결되어 어촌 경제의 중심 역할을 하고 있다. 이 지역은 어업과 관광이 조화된 공간으로, 어촌다움을 유지하면서도 현대화된 어항의 모습을 보여준다. 녹동항과 청산도항의 해안선 인근 상점 중 상당수가 어촌과 직접 관련된 업종으로, 어촌의 생활 방식을 반영하고 있다. 녹동항에는 해물요리 전문점, 낚시용품매장, 여객터미널 등이 주를 이루며, 청산도항은 수산물 판매장, 회센터, 수산물 도매업 점포들이 밀집해 있어 어촌과 긴밀한 관계를 유지하고 있다.

다음(Daum) 로드뷰 화면캡처-녹동항

특히 남해 지역 상점들은 어촌과 관련된 상호를 통해 지역 정체성을 드러낸다. '금산식당', '청산도 전복나라' 같은 상호는 어촌의 이름을 사용해 방문객들에게 어촌에 왔다는 느낌을 강화하며, '해녀수산', '어부횟집', '바다식당' 등 해양과 관련된 용어들이 자주 등장한다. 또한 'OCEAN VIEW 팬션', 'CAFE SUEZ'와 같은 로마자 표기 상호도 어촌의 해양적 특성을 강조한다. 시간이 흐르면서 어촌의 상권도 변화하고 있다. 예를 들어, '보성녹돈식당'은 '맛나부러'로 변경되며 해산물 전문 식당으로 전환되었고, 녹동항의 숙박시설은 모텔에서 'PLAZA HOTEL'로 바뀌어 관광객들에게 더 나은 이미지를 제공하고 있다. 이러한 변화는 지속 가능한 관광어촌으로 발전하기 위한 필수적인 과정으로 평가된다. 전통적인 어촌의 분위기를 살리면서도 현대적인 디자인을 가미한 상점 간판들은 자연경관과 어우러져 어촌의 고유한 아름다움을 표현하며, 이는 관광객들에게 어촌의 매력을 전달하는 데 중요한 역할을 하고 있다. 이러한 변화는 어촌의 경제 활성화에도 긍정적인 영향을 미칠 수 있다.

동해다움, 특산물과 관광의 조화로운 만남

동해의 대포항은 1970년대 초에 국가지정항으로 지정된 어항으로, 어촌어항 정비 사업을 통해 현대화된 어항의 모습을 잘

다음(Daum) 로드뷰 화면캡처-대포항

보여준다. 어촌다움이 뚜렷하게 드러나는 이 지역은 어촌뉴딜 사업을 통해 수산시장과 활어시장이 밀집해 있으며, 상점 간판에서는 '대게', '어부', '항구'와 같은 어촌 특유의 용어들이 주로 사용되고 있다. 특히 동해의 대표 특산물인 '대게'를 내세운 간판이 많아, 이 지역이 특산물을 중심으로 경제적 활력을 되찾고 있음을 보여준다.

대부분의 상점은 지역과 바다, 어촌과 관련된 상호를 사용하며, 이를 통해 어촌의 정체성을 드러낸다. 예를 들어, '용성호', '성복호', '유풍호'와 같은 상호는 고깃배의 이름을 따와, 현지에서 갓 잡아 올린 신선한 생선을 판매하고 있음을 강조한다. 이러한 상호명은 신선함과 현지성을 부각시켜, 동해 어촌의 매력을 더욱 돋보이게 하는 중요한 요소로 작용한다.

대포항의 언어경관은 어촌의 전통적 생활 방식과 관광 산업이 조화롭게 결합된 형태로, 어촌이 단순히 생업의 공간을 넘어 관광지로서의 역할을 수행하고 있음을 시사한다. 이러한 언어경관은 어촌다움을 유지하면서도 지역 경제를 활성화하는 중요한 자원으로 작용하며, 관광객들에게는 어촌의 매력과 특색을 자연스럽게 전달한다.

서해다움, 낚시 문화 속에 깃든 지역의 특색

서해의 오천항은 1971년에 국가 지정항으로 지정된 항구로, 서해 특유의 어촌다움을 잘 드러내는 지역이다. 이곳의 상점들은 어촌과 밀접한 관련이 있으며, 특히 조개와 루어낚시와 같은 해양활동을 중심으로 상권이 형성되어 있다. 서해의 대표적인 수산물인 조개를 중심으로 한 해물 요리 전문점이 많고, 낚시용품을 취급하는 상점들이 많이 눈에 띈다. 이러한 요소들은 서해 어촌의 독특한 정체성을 반영하며, '서해다움'을 구성하는 중요한 어휘적 표현 수단이 된다. 예를 들어, 간판에는 '키조개', '모둠 키조개' 등의 문구가 등장하여 지역 특산물을 부각하는 언어풍경이 많다.

오천항 주변 지역을 조사한 결과, 해안선 인근에서는 어촌과

다음(Daum) 로드뷰 화면캡처-오천항

관련된 업종이 밀집해 있지만, 항구에서 멀어질수록 일반적인 소
도시 상권의 특징을 보이는 경향이 있었다. 항구에서 매우 가깝
다고 여겨지는 1킬로미터 이내의 거리는 어촌다움을 유지하는
주요 지역으로 나타났으며, 그 이후로는 어촌과 관련이 적은 상
가들이 주로 자리 잡고 있었다. 자동차 정비소나 일반 음식점, 하
숙집 등이 그 예로, 어촌의 특색보다는 평범한 소도시의 모습이
드러났다. 이를 통해 서해의 어촌 지역은 항구를 중심으로 어촌
다운 정체성을 유지하고, 거리가 멀어질수록 상업적으로 일반화
되는 경향을 보인다. 이러한 변화는 어촌다움을 물리적으로 강조
할 수 있는 경계선을 설정하는 데 중요한 자료가 될 수 있다.

제주해다움, 방언과 해산물이 빚어내는 독특한 정체성

제주 지역은 그 자체로 어촌의 정체성을 강하게 드러내는 곳이다. 특히 모슬포항은 1971년에 국가지정항으로 지정되었으며, 주변 상권이 잘 형성된 지역이다. 모슬포항은 1킬로미터에서 5킬로미터 인근에 다양한 상권이 형성되어 있으며, 제주도의 지형적 특성상 섬 전체가 해안선과 내륙 지역으로 나뉘는 특징을 가지고 있다. 이러한 지리적 조건 덕분에, 모슬포항은 해역언어학적 관점에서 육지와는 다른 독특한 언어경관을 형성하고 있다. 모슬포항을 중심으로 한 언어경관을 분석한 결과, 제주도 특유의 방언과 해산물 관련 용어들이 상점명에 자주 사용되고 있었다.

모슬포항의 간판에는 '방어', '한치'와 같은 제주 해역의 대표 수산물이 자주 등장하며, 방어와 부시리(일본어로 히라스) 같은 메뉴가 함께 표기되어 있다. 또한, 제주도의 특유한 방언인 '메옹이(소라)', '물꾸럭(문어)', '바당(바다)', '멘도롱(따뜻하다)', '이듸(여기)' 등의 방언이 해안선을 따라 많이 사용되고 있음을 확인할 수 있다. 제주의 경우, 섬이라는 특성 덕분에 어디를 가더라도 제주도 전체가 어촌과 밀접한 관계를 맺고 있다. 외지인이 제주도에 입도(入島)하는 것만으로도 자연스럽게 어촌다움을 느낄 수 있다. 이러한 언어적 요소들은 제주도의 어촌다움을 강조하는 중요한 역할을 한다. 특히 제주도의 상점 간판은 관광객을 겨냥한 디

다음(Daum) 로드뷰 화면캡처-제주 모슬포항의 과거와 현재

자인이 많으며, 이는 제주 어촌이 관광과 어업을 결합한 형태로 경제적 활성화를 이루고 있음을 보여준다. 제주의 언어경관은 어촌다움을 유지하면서도 관광지로서의 매력을 극대화하는 방식으로 설계되어 있으며, 이는 어촌다움을 회복하기 위한 중요한 사례로 평가될 수 있다.

'~다움'의 회복으로 이루는 지역 정체성과 경제 활력의 상생

이번 장에서 분석된 남해, 동해, 서해, 제주해의 언어경관은 각각의 어촌이 고유한 정체성을 바탕으로 다양한 시각적 언어 요소를 통해 어촌다움을 표현하고 있음을 보여준다. 남해 지역은 전통적인 어업 생활 방식과 현대적 디자인이 결합된 언어경관을 통해 어촌다움을 유지하고 있으며, 동해 지역은 관광 산업과 결합된 언어경관을 통해 어촌의 경제적 활성화를 도모하고 있다. 서해 지역은 낚시 문화와 지역 특산물을 바탕으로 어촌다움을 형성하고 있다. 마지막으로 제주는 방언과 지역 특산 해산물을 활용한 간판 디자인을 통해 어촌다움과 관광지로서의 매력을 동시에 표현하고 있다. 이처럼 우리나라 어촌의 언어경관은 어촌다움을 시각적으로 표현하는 중요한 매체로, 어촌 지역의 정체성을 유지하고 회복하는 데 중요한 역할을 할 수 있다. 무엇보다 어촌다움을 회복하기 위해서는 지역 고유의 언어경관을 디자인하고, 이를 바탕으로 어촌의 경제적·문화적 자원을 극대화할 수 있는 정책적 접근이 필요하다. 특히 어촌과 도시 간의 교류가 활발해지고 있는 현대 사회에서는 어촌다움을 시각적으로 표현함으로써 어촌의 매력을 외부 방문객에게 전달하는 것이 중요하다.

이 책은 어촌의 언어경관을 분석하여 어촌다움을 회복하기 위한 구체적인 방안을 모색하였다. 향후 보다 다양한 어촌 지역을 대상으로 한 심층적인 언어경관 분석이 필요하며, 이를 바탕으로 어촌의 정체성을 유지하면서도 현대적인 경제·관광 자원으로 활용할 수 있는 구체적인 정책적 접근이 요구된다.

어촌의 언어경관은 단순히 어촌의 문화를 반영하는 데 그치지 않고, 어촌 지역의 경제적 재생과 활력을 불어넣는 중요한 자원이 될 수 있다. 따라서 각 지역 어촌의 특성을 반영한 언어경관을 설계하고, 이를 토대로 어촌다움을 극대화할 수 있는 정책적 지원이 필요하다. 어촌이 가진 고유한 특성을 유지하면서도 현대적인 관광 자원으로 활용할 수 있는 방안이 지속적으로 모색되어야 할 것이다. 어촌다움을 회복하고 어촌의 경제적·문화적 활력을 되찾기 위한 지속적인 연구와 정책적 지원이 이루어질 때, 어촌은 다시금 지역사회의 중요한 중심지로 자리 잡을 수 있을 것이다. 각자의 바다, 그 '~다움'을 찾는 일이야말로 해역인문학에서 고민해야 할 문제이다.

4부

해역인문학의 미래

해양 해역 바다
개항장 부두 교류
방언 접촉 소성 어촌
언어 교섭 세계 조수
항구 동북아 기적
상해 이그베 인천 부산
하코다테 부산

10장

의식조사를 통해 본 해역인문학의
현재와 미래 가능성

해역을 바라보는 시선은 우리가 보유한 해양 관련 객관적 데이터를 통해 증명할 수 있다. 그중에서도 부경해양지수(PKNU Maritime Index)는 이를 위한 매우 타당한 방법론적 자료로 활용된다. 특히 경년(經年) 조사를 진행함으로써 일회성 데이터에서 발생할 수 있는 바이어스(Bias)를 제거할 수 있었고, 그 덕분에 해역인문학적으로 가장 객관적인 자료를 확보할 수 있었다. 이 책에서는 그 내용 일부를 소개하고자 한다.

최근 해역 연구의 화두가 되는 주제는 '해양 리터러시(Ocean Literacy)'이다. 해양 리터러시는 바다를 이해하는 능력으로 해석할 수 있지만, 최근에는 리터러시의 개념이 매우 광범위하게 사용되고 있으며, 다양한 연구가 이러한 보편적인 개념을 중심으로 진행되고 있다. 2005년, 미국의 해양교육자들이 해양 리터러시를 다음과 같이 정의했다. 해양 리터러시는 바다가 인간에게 미치는 영향과 인간이 바다에 미치는 영향을 이해하고, 이를 활용할 수 있는 능력을 의미한다. 이러한 리터러시 데이터의 활용은 해역을 인문학적으로 이해하는 데 큰 도움이 되며 이로써 해역공간은 인문학적 의미를 지닌 공간으로 재탄생된다. 따라서 한국판 해양 리터러시 자료를 활용하거나, 해역의 일상성과 공공성에 주목한 연구가 필요하다. 해역지수(Sea Region Index)를 통해 우리 국민은 물론, 더 나아가 동북아 지역의 해역의식을 파악하는 것이 중요하다. 특히 국립부경대학교 인문사회과학연구소는 '부경해양지수'라는 전국 규모의 해양의식 관련 인덱스를 보유하고 있다. 이 데이터에 대해 설명은 아래에 기술한다.

부경해양지수

해양수산부는 매달 이달의 수산물, 어촌 여행지, 해양 생물, 등대, 해양 유물, 무인도를 선정하여 국민에게 발표함으로써 바다와 국민 간의 심리적, 물리적 거리를 좁히기 위한 노력을 이어가고 있다. 이를 통해 국민의 해양에 대한 관심을 높이고, 해양과 관련된 상식과 지식을 널리 알리는 것이 주요 목표다. 또한 국민이 바다를 어떻게 인식하는지, 그 인식이 어떻게 변화하는지를 꾸준히 조사할 필요성도 강조되고 있다.

이러한 필요성에 대응해 국립부경대학교는 2017년부터 전국

규모의 해양 문화 의식 조사를 꾸준히 실시하고 있으며, 이를 '부경해양지수'라 명명했다.

부경해양지수는 국민의 해양 인식을 종합적으로 평가하는 지표로, 해양 문화에 대한 인식을 체계적으로 분석하는 중요한 도구로 활용되고 있다. 초기 조사는 국립부경대학교 대학인문역량강화(CORE) 사업단에서 진행되었으며, 2019년부터는 인

2023년 부경해양지수 보고서

문한국플러스(HK+) 사업단이 이 조사를 이어받아 더욱 발전시켰다. 특히 2019년 조사에서는 기존 항목을 보완하고 '동북아해역지수'를 추가해, 동북아해역을 중심으로 한 문화적 교류를 평가하는 지표도 포함했다.

부경해양지수의 주요 항목으로는 친숙지수, 지식지수, 체험만족지수, 안전지수, 안보지수, 먹거리지수, 환경지수, 경제지수, 교육지수, 정책지수, 동북아해역지수 등이 있으며, 이를 통해 국민의 해양 인식과 경험을 다각도로 분석할 수 있다. 이러한 데이터는 해양 인문학 연구뿐만 아니라 관련 성책 및 교육 발전에 중요한 기초자료로 활용된다. 부경해양지수의 목적은 한국인에게

바다가 어떤 의미를 지니는지를 해역인문학적 관점에서 묻는 것이다. 이를 통해 지역, 세대, 개개인의 경험에 따라 바다에 대한 인식 차이를 확인하고, 그 결과를 해양 인문학, 해양교육, 산업 연구의 기초자료로 활용하는 데 목적이 있다. 이 조사는 해역인문학의 토대를 마련하고 저변을 확대하는 데 기여하고 있다. 응답자의 인구통계학적 특성은 성별, 연령, 지역, 소득, 직업 등으로 분류되며, 이는 통계적 신뢰성을 높이는 중요한 요소다. 성별, 연령, 권역에 따라 바다와 관련된 속성이 추가되어 바다에 대한 인식의 차이를 분석할 수 있다.

다른 사회의식 조사와의 차별점은 인문학적 관점에서 바다에 대한 인식이 속성별로 다르게 나타날 수 있음을 확인한 것이다. 특히, 바다 관련 직업 경험을 묻는 항목은 '바다와 관련된 직업 경험이 있는지'를 세분화하여 응답을 받았다. 응답은 "① 현재 바다 관련 직업을 가지고 있다, ② 과거에 바다 관련 직업을 가졌으나 현재는 아니다, ③ 바다 관련 직업 경험이 전혀 없다"로 구분되었으며, 직업 경험이 없는 사람에게는 바다 관련 직업에 대한 흥미를 추가로 물었다. 또 응답자가 바다 인근에서 거주한 경험이 있는지 여부도 물었으며, "① 없다, ② 과거에 거주했으나 현재는 내륙에 거주한다, ③ 현재 바다 인근에 거주한다"로 답변을 구분했다. 이와 같은 항목들은 기존의 해양 인식 조사에서 다루지 않았던 내용으로, 부경해양지수와 다른 조사들의 차별성을 나타내는 중요한 요소로 작용하고 있다.

해역인문학의 시선에서 본 2023년 부경해양지수

해역인문학은 바다를 인간 사회의 물리적, 문화적, 경제적 상호작용이 일어나는 중요한 공간으로 바라본다. 바다는 단순한 자연 자원이 아니라, 인간이 살아가는 공간에서 사회적 의미와 역사적 기억을 함께 형성하는 매개체로 작용해 왔다. 이러한 관점에서 부경해양지수는 한국인들이 바다와 어떤 관계를 맺고 있으며, 그 관계가 어떻게 형성되고 있는지를 파악하는 데 중요한 지표가 된다. 이번 조사는 바다와의 친숙도, 지식, 체험, 안전, 먹거리, 환경, 경제, 교육, 정책, 그리고 동북아해역에서의 교류와 갈등 등 다양한 측면에서 한국인들의 인식을 다각도로 분석했다.

2023년 조사 결과에 따르면, 부경해양지수는 총 1,100점 만점 중 621.7점을 기록하여, 팬데믹 이전인 2019년의 585.3점에 비해 36.4점 상승한 것으로 나타났다. 세부 지표를 보면, 친숙지수(68.0점), 지식지수(67.2점), 체험만족지수(64.7점) 등이 비교적 높은 점수를 기록한 반면, 교육지수(37.3점), 먹거리지수(50.3점), 안보지수(53.6점) 등은 상대적으로 낮았다. 지난 조사와 비교했을 때, 11개 지표 중 8개 항목에서 점수가 상승했으나, 안보지수, 먹거리지수, 교육지수는 하락했다. 이러한 부경해양지수의 결과를

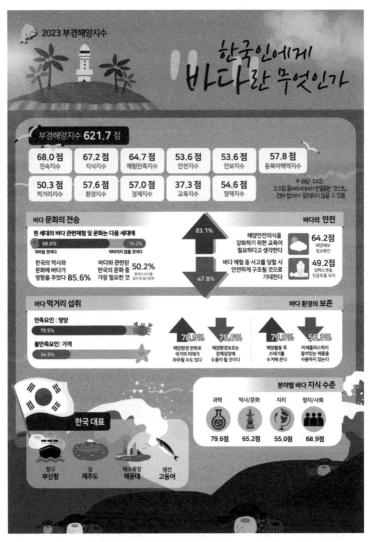

2023년 부경해양지수 인포그래픽–주요 항목

바탕으로, 앞으로 해양 인식의 변화와 더불어 교육 및 정책의 개선 방향을 심층적으로 논의할 필요가 있다.

바다와의 친숙도: 친숙지수

해역인문학에서 바다는 단순한 자연경관이 아니라 인간의 감정과 정서가 응축된 공간으로 인식된다. 이에 친숙지수는 응답자들이 바다에 대해 얼마나 친근하고 긍정적인 감정을 느끼는지를 평가하는 지표이다. 이번 조사 결과, 응답자들은 바다를 평온하면서도 활기찬 공간으로 인식하고 있었으며, 바다가 주는 해방감과 여유로움을 강하게 느끼고 있었다. 바다는 응답자들에게 자연 속에서 자유를 경험할 수 있는 공간으로, 현대인들이 일상에서 벗어나 정서적 안정을 찾는 중요한 장소로 인식하고 있다. 바다를 가까이 두고 힐링의 공간으로 느끼고자 하는 자유로움이 발현된 결과일 것이다. 해역인문학적 관점에서 볼 때, 이러한 친숙도는 단순한 자연경관에 대한 호감에만 그치지 않는다. 바다에 대한 감정적 친숙함은 지역사회나 개인의 역사적 경험, 그리고 문화적 전통과 깊이 연관되어 있다. 특히 한국의 해역 도시들은 바다와의 유대를 통해 다양한 문화적 자산을 형성해 왔다. 이는 세대를 넘어 전달되는 중요한 정서적 자산으로 자리매김된다. 바다는 또한 역사적 사건, 경제적 발전, 그리고 공동체 형성에 중요한 역할을 하며, 이와 같은 요소들이 바다에 대한 긍정적 이미지를 부여하고 있다.

바다에 대한 지식: 지식지수

지식지수는 응답자들이 바다에 대해 얼마나 많은 지식을 보유하고 있는지를 평가한 항목이다. 해역인문학에서 지식은 단순한 사실적 정보가 아니라, 바다와의 관계를 형성하고 유지해 가는 중요한 수단이다. 이번 조사에서 응답자들은 바다에 대해 어느 정도 지식은 가지고 있으나, 그 깊이는 다소 제한적이라고 답하였다. 응답자들은 주로 바다의 지리적 특성, 기후 변화, 해양 자원 등에 대해 인식하고 있었으나, 역사적, 문화적 측면에서 바다의 의미에 대한 인식은 상대적으로 낮았다. 바다에 대한 지식은 해역인문학적으로 볼 때 매우 중요한 역할을 담당한다. 왜냐하면 바다에 대한 이해는 인간과 해양 환경의 상호작용을 설명할 수도 있고 이를 통해 미래 세대에게 지속 가능한 해양 이용 방안을 제시할 수 있기 때문이다. 바다에 대한 더 깊은 이해는 지역사회가 바다와 공존하고, 이를 통해 경제적, 문화적 번영을 도모할수 있는 기반이 된다. 바다는 자연 자원일 뿐만 아니라 인문학적 탐구의 대상이며, 인간의 삶과 해역의 관계를 통합적으로 이해하기 위해 필수 불가결한 요소이다. 바다를 알고자 하는 시도가 더 많이 필요함을 알려주는 대목이다.

해양체험과 경험의 중요성: 체험만족지수

바다와의 경험은 단순한 놀이 활동을 넘어 인간과 바다의 관계를 심화하는 중요한 과정이다. 체험만족지수는 응답자들이 해양 관련 활동을 얼마나 자주 경험하고, 그 경험에 대해 얼마나 만족하는지를 평가하는 항목이다. 이번 조사에서 응답자들은 해양 레저, 해양 축제, 해양 스포츠 등의 활동에서 높은 만족도를 나타냈으며, 이러한 체험이 바다에 대한 긍정적 인식을 강화하는 데 중요한 역할을 하고 있었다. 팬데믹 이후 실시된 조사였기 때문에 해양 액티비티를 기다렸던 응답의 결과라고 볼 수 있다.

해역인문학에서 해양 체험은 바다와의 물리적 접촉을 통해 인문적, 감정적 유대감을 형성하는 과정으로 이해하면 될 것이다. 다시 말해 해양 리터러시의 일환이다. 바다와의 직접적인 체험은 응답자들이 바다를 더 가깝고 친밀하게 느끼게 하며, 이는 바다에 대한 보호 의식을 높이는 데에도 도움이 된다. 바다에서의 경험이 단순한 여가 활동을 넘어 바다와 인간의 관계를 재정립하는 중요한 기회로 작용하는 것이다. 이러한 경험들은 바다와의 감정적 유대를 강화하며, 해양 환경 보호나 지속 가능한 해양 활용에 대한 관심을 불러일으킬 수 있다.

해양안전과 안보의 중요성: 안전지수와 안보지수

바다는 인간에게 풍부한 자원을 제공하는 동시에 위험 요소도 포함하고 있다. 안전지수는 응답자들이 바다에서의 안전을 얼마나 인식하고 있는지를 측정하며, 안보지수는 해양 영토와 관련된 안보 문제를 다루었다. 조사 결과를 살펴보면 응답자들은 해양 사고에 대한 두려움과 더불어, 해양 영유권 문제에 대해 높은 경각심을 가지고 있는 것으로 나타났다. 특히 독도와 같은 해양 영토에 대한 자주권을 강력히 지켜야 한다는 인식이 뚜렷했다. 해역인문학적 관점에서 바다는 단순한 물리적 공간만 의미하지는 않는다. 해양 주권 문제는 국가 정체성과도 밀접한 관련이 있으며, 이를 보호하기 위한 노력은 단순한 안보 문제를 넘어 문화적, 역사적 다차원의 의미를 지닌다. 해양 주권은 바다를 통해 형성된 국가의 자부심과 연대 의식의 표현이며, 이를 지키기 위한 국민적 인식은 매우 중요하다. 또 바다의 안보는 바다를 단순히 자원으로 인식하는 것을 넘어, 국가의 미래를 결정짓는 중요한 요소로 자리 잡고 있기 때문에 정치적 문제를 떠나 해역인문학적 관점에서도 눈여겨볼 만한 아젠다이다.

자원으로서 바다의 역할: 먹거리지수

바다는 우리 일상에서 중요한 식량 공급원이다. 먹거리지수는 바다에서 얻는 먹거리, 즉 수산물에 대한 섭취 빈도와 만족도를 평가하는 지표이다. 조사 결과를 살펴보면 응답자들은 수산물을 건강하고 신선한 자원으로 인식하고 있었으며, 수산물에 대한 신뢰도 역시 높았다. 이는 바다가 우리 식생활에서 중요한 역할을 하고 있음을 보여준 결과라고 판단된다. 먹거리지수를 해역인문학적 관점에서 살펴보면 바다는 단순한 자원의 제공처를 넘어, 인간과 자연이 상호작용하는 공간으로 인식된다. 바다에서 얻는 자원은 인간의 삶을 풍부하게 만들며, 이 과정에서 형성되는 문화적, 경제적 관계 역시 중요한 의미를 지닌다. 수산물은 단순한 먹거리가 아니라, 지역사회와 바다가 맺는 관계의 상징이다. 앞으로 이를 지속적으로 이용하고 보호하는 것이야말로 인간과 바다의 건강한 공생 법칙이다.

해양환경 보호와 지속 가능성: 환경지수

환경지수는 응답자들이 해양 환경에 대해 얼마나 만족하고, 이를 어떻게 보호하려는지를 측정하는 지표이다. 조사 결과상 응답자들은 해양 환경 보호의 필요성에 대해 강하게 인식하고 있었으며, 특히 미세플라스틱과 같은 환경 문제에 대해 깊은 우려를 표명하고 있다. 바다의 환경적 변화를 미래 세대에까지 미치는 문제로 인식하고 있으며, 바다 환경 보호를 위한 적극적인 노력이 필요하다는 점에 공감하고 있다. 이를 해역인문학적 입장에서 해석해 보면 바다와 인간이 지속 가능한 방식으로 공존할 수 있도록 바다를 보호하는 것이 중요하다는 응답으로 볼 수 있다. 특히 바다는 단순히 오늘날의 자원이 아니라, 미래 세대가 살아갈 환경을 결정짓는 중요한 핵심 요소이다. 다시 말해 해양 환경을 보호하는 것은 곧 우리의 삶의 질을 높이고, 미래 세대가 건강하게 살아갈 수 있는 토대를 마련하는 것이다. 바다는 인간과 자연이 상호작용하는 공간이며, 이를 지속적으로 관리하고 보호하는 것이 필수가 된 시대가 도래한 것이다.

동북아 해역에서의 상호작용: 동북아해역지수

동북아해역은 역사적으로 한국, 중국, 일본을 중심으로 한 해양 교류와 갈등이 공존하는 복잡한 공간이다. 동북아해역지수는 이러한 해역에서의 국가 간 교류와 영향력, 문화적 상호작용을 평가하는 지표로 설계하였다. 해역인문학적 관점에서 본다면 이 해역은 단순한 국가 간 경계선이 아니라, 인류가 상호작용하며 역사를 쌓아 온 공간이다.

	2017 (600점)	2018	2019 (1.100점)	2023
부경해양지수 (1.000점 환산)	609.4 점	586.5 점	585.3 점	621.7 점
친숙지수	64.5 점	72.6 점	70.6 점	68.0 점
지식지수	49.3 점	59.8 점	57.0 점	67.2 점
체험만족 지수	-	69.9 점	70.0 점	64.7 점
안전지수	60.9 점	50.8 점	52.1 점	53.6 점
교육지수	60.9 점	56.2 점	60.1 점	37.3 점
안보지수	74.9 점	59.4 점	56.8 점	56.3 점
먹거리지수	55.1 점	55.4 점	56.6 점	50.3 점
환경지수	-	56.8 점	55.6 점	57.6 점
경제지수	-	42.7 점	50.7 점	57.0 점
정책지수		74.1 점	58.4 점	54.6 점
동북아해역지수	-	-	56.2 점	57.8 점

※ 2023년 각 지수별 수치는 지수별로, 100점 만점 기준으로 산출한 점수이며, 전체 부경해양지수 산출 시에는 1,000점 만점 기준으로 환산하였음
※ 해당 수치는 소수점 둘째자리에서 반올림 한 것으로, 전체 합계가 일치하지 않을 수 있음

2023년 부경해양지수 인포그래픽–경년(經年) 조사 비교

이번 조사 결과에 따르면 응답자들은 동북아해역에서 중국과 일본의 해양활동에 대해 매우 강한 이미지를 가지고 있으며, 특히 해양영유권 문제에서 민감한 태도를 보였다. 응답자 대부분은 한국이 동북아 해역에서 자주권을 확립해야 하며, 독도와 이어도와 같은 해양 영토에 대한 보호 필요성도 강조하고 있다. 이는 바다를 둘러싼 영토 분쟁이 단순한 국경 문제를 넘어서, 국민의 정체성과도 밀접하게 연결되어 있음을 나타낸 결과라고 볼 수 있다. 또 동북아해역은 경제적, 문화적 상호작용이 활발한 지역이다. 항구 도시는 내륙 지역보다 중국과 일본의 문화를 더 빠르게 수용하며, 해양을 통한 문화적 교류는 이 지역에서 중요한 역할을 한다. 따라서 해역인문학적 관점에서 이러한 상호작용은 바다가 단순히 경계선이 아닌, 문화적 융합과 소통의 장이라는 점을 상기시킨다. 바다는 과거에도 그랬듯이 오늘날에도 동북아시아 국가 간 관계를 형성하는 중요한 매개체 역할을 하고 있다. 마지막으로 동북아 해역에서의 경제적 중요성을 빼놓고 이야기할 수 없다. 한국, 일본, 중국은 모두 해양 자원에 크게 의존하고 있으며, 어업, 해양 무역, 해양 관광 등 다양한 분야에서 해양 경제의 중요성이 증가하고 있다. 특히 이번 조사에서 한국인 응답자들은 해양 자원의 지속 가능성을 중요하게 생각하며, 특히 어업자원의 보호와 해양 무역로의 안전이 국가 경제에 큰 영향을 미친다고 인식하고 있었다. 이는 바다와 인간의 경제적 상호작용이

지속 가능한 방식으로 이루어져야 함을 보여준 결과라고 판단할
수 있다.

해양교육과 정책의 필요성: 교육지수

해양교육과 정책은 바다와 인간의 관계를 강화하고 유지하는
데 중요한 역할을 한다. 교육지수는 한국 내 교육기관에서 이루
어지는 해양교육의 수준을 평가하며, 정책지수는 해양 정책의 효
과성과 국민의 정책 수용도를 평가하는 지표이다. 조사 결과 응
답자들은 해양교육이 필요하다는 점에 대해서는 공감했지만, 현
재 교육 시스템에서 제공되는 해양교육의 수준에는 불만족하다
는 경향을 보였다. 이는 해양교육이 단순히 지식 전달에 그치지
않고, 바다와의 실질적 관계 형성과 유대 관계를 돕는 역할을 해
야 한다는 점을 강조한 결과라고 볼 수 있다. 이를 해역인문학적
관점에서 해석해 본다면 해양교육은 인간과 바다의 관계를 재정
립하고, 바다의 중요성을 다음 세대에 전달하는 중요한 과정이다.
응답자들은 해양교육이 실생활에 유용하게 적용될 수 있어야 한
다고 인식하고 있으며, 이를 통해 바다와의 지속 가능한 관계를
유지할 수 있다고 보고 있다. 바다는 단순한 교육의 대상이 아니
라, 인간과 환경, 사회, 경제가 모두 얽혀 있는 복합적인 공간으로
서, 이를 더 잘 이해하고 활용하기 위한 교육이 반드시 필요하다.

미래 바다의 운명을 쥐고 있는 정책지수

정책지수에서는 해양 정책의 중요성과 실효성에 대한 평가가 이루어졌다. 응답자들은 정부가 해양 정책을 더욱 강화해야 하며, 특히 해양 환경 보호와 해양 영유권 문제에 대해 더 적극적으로 나서야 한다고 답하였다. 해역인문학적 시각에서 설명해 보면 해양 정책은 단순한 국가 전략이 아니라, 바다와 인간이 상호 작용하는 방식을 결정짓는 중요한 요소이다. 정책은 바다를 지속 가능한 방식으로 이용하고 보호하기 위한 중요한 수단이며, 이를 통해 인간과 바다가 공존할 수 있는 토대를 마련하는 것이 필요하다. 결과적으로 미래 바다의 운명은 올바른 해양 정책에 달려 있다고 해도 과언이 아니다.

해역인문학과 바다의 미래

2023년 부경해양지수 결과는 해역인문학적 관점에서 인간과 바다가 맺는 관계를 이해하는 데 중요한 통찰을 제공하였다. 바다는 단순한 물리적 공간이 아니라, 인간의 정체성, 경제, 문화, 역사적 경험이 녹아 있는 복합적이고 중요한 공간이다. 특히 한국인들은 바다와 친밀한 관계를 맺고 있으며, 바다에 대한 정서적, 경제적, 문화적 중요성을 인식하고 있다. 해역인문학은 이러한 관계를 더욱 깊이 이해하고, 인간과 바다가 함께 지속 가능한 미래를 만들어갈 수 있도록 돕는 학문이다.

우리의 삶 속에서 중요한 역할을 하는 바다, 앞으로도 해양 환경 보호, 해양 교육, 정책적 지원이 매우 필요하다. 그러므로 해역인문학적 연구를 통해 우리는 바다와의 관계를 재정립하고, 이를 통해 바다가 제공하는 혜택을 지속 가능하게 누릴 수 있는 방안을 모색해야 할 것이다. 동북아해역에서의 국가 간 협력과 갈등, 해양 경제와 문화 교류는 앞으로도 중요한 이슈로 남을 것이며, 해역인문학은 이를 해결하는 데 중요한 역할을 할 수 있을 것이다.

11장

지속 가능한 해역인문학의 발전 전략

해역 환경문제에 대한 인문학적 어프로치

해역인문학은 해양 환경문제에 대해 단순한 과학적 분석을 넘어 인간과 자연의 상호작용이라는 인문학적 프레임으로 바라보는 자세가 필요하다. 이러한 어프로치 방식은 기후 변화, 해양 오염, 해수면 상승 등 전 지구적 문제들이 인간 사회에 어떤 영향을 미치는지를 분석하는 데 유용하다. 특히 해양 자원이 인류의 지속 가능한 생존과 직결되어 있기 때문이다.

오늘날 해양 오염은 특히 미세플라스틱을 포함한 각종 쓰레기, 유류 오염, 그리고 각종 중금속과 화학물질의 유입으로 인해 심각한 상태에 놓여 있다. 해양은 이제 더 이상 맑고 깨끗한 환경이 아니라, 인간 활동의 부산물이 고스란히 모여들고 있는 거대한 쓰레기장이 되어가고 있다. 일본의 쓰레기섬 데시마

(豊島) 사례는 이를 대표하는 예로 수십 년간 불법 투기된 산업 폐기물이 섬과 인접한 해역을 오염시킨 사건이다. 이 사건은 일본 내부에서조차 큰 논란을 일으켰고, 환경운동의 기폭제가 되었다. 이러한 사례는 환경문제를 넘어 인간의 소비와 산업 활동의 결과가 자연에 어떤 영향을 미치는지를 보여준다. 해역인문학의 연구 대상에는 이와 같은 해역과 인간의 상관관계도 포함된다.

부산을 포함한 한국의 여러 해역 도시도 이와 같은 문제에서 결코 자유롭지 못하다. 낙동강 하구를 비롯한 다양한 해역에서는 해양 오염이 지속되고 있으며, 이는 생태계 파괴와 어업 감소로 이어지고 있다. 기후 변화로 인해 해수면이 상승하면서 부산과 같은 해역 도시의 연안 지형이 변화하고, 이는 인간 생활에도 중차대한 영향을 미치고 있다. 이러한 해역의 변화는 단순히 자연과학적으로만 접근할 수 있는 문제가 아니라, 인간의 생활양식, 문화적 대응, 그리고 지역사회의 생존 전략을 통합적으로 다루어야 한다. 이러한 일련의 과정 중 해역인문학은 단순히 환경 보호를 목표로 하지 않고, 인간과 자연의 공생을 모색하는 데 중점을 두어야 한다.

앞서 언급한 일본의 쓰레기 문제 해결 과정에서 나타난 인문학적 연구들은 인간과 자연의 관계성에 대한 새로운 패러다임을 제시했다고도 볼 수 있다. 이를 통해 부산과 같은 해역 도시가 직

일본 데시마(豊島)에 쓰레기가 쌓여 있는 모습(출처: 豊かな島と海を次の世代へ 홈페이지)

면한 해양 오염 문제를 해결하는 데 중요한 교훈을 얻을 수 있다. 또 한발 더 나아가 한국의 해역 환경 정책 수립에도 기여할 것이다.

해역 환경문제는 식량 안보와도 깊이 연결되어 있다. 특히 기후 변화와 해양 오염은 해양 자원, 특히 수산물의 감소를 불러오고 있으며, 이는 전 세계적으로 중요한 식량 공급원인 해양 자원의 지속 가능성을 위협하고 있다. UN의 식량 안보 대책에서 해양 수산물이 차지하는 비중이 해마다 높아지고 있는 가운데, 해양 자원의 보호와 지속 가능한 어업 정책은 세계적으로 볼 때 중요한 국가적 과제가 되고 있다. 이러한 문제를 해결하기 위해서는 자연과학적 연구와 함께 해역인문학적 접근을 통해 인간 사회와 해양 생태계 간의 조화를 모색하는 것이 필요하다. 기후 변화로 인한 해양 환경의 변화는 단순히 수산 자원의 감소뿐만 아니라, 해안선 변화, 해양 생물 다양성 감소, 그리고 해수면 온도 상승과 같은 문제도 야기한다. 이러한 변화는 해역 인근의 인간 사회에도 중대한 영향을 미치며, 특히 어업과 관광업에 의존하는 지역의 소상권 경제에 큰 타격을 줄 수 있다. 따라서 이러한 문제를 해결하기 위한 미래 우리 바다를 위한 정책적 대응은 필수적이며, 이를 뒷받침하는 해역인문학적 연구의 필요성도 강조되어야 한다.

해양 문화와 지역 회복을 위한 도전

해역인문학은 단순한 학문적 연구를 넘어서 해역을 배경으로 한 인간 사회의 문화적 회복과 지역사회 재생과 활성화에 마중물 역할을 한다. 이는 해양 문화를 단순한 과거의 유산으로 보존하는 것이 아니라, 이를 현재와 미래의 지역사회 발전 전략으로 활용하는 것이다. 특히 해역 도시에서의 해양 문화는 지역 정체성의 핵심을 이루고 있으며, 이를 바탕으로 한 다양한 문화 활동은 지역사회의 지속 가능한 발전을 도모할 수 있는 중요한 수단이다. 부산을 포함한 한국의 여러 해역 도시는 해양을 중심으로 한 다양한 축제와 문화 활동을 통해 지역 경제를 부흥시키려 하고 있다. 예를 들어 부산의 광안리 어방(漁坊)축제는 지역 어촌 사회의 전통을 현대적으로 재해석한 축제로 지역 주민들과 관광객들이 함께 참여하는 해양 문화 축제의 대표적인 예이다.

또 기장의 멸치 축제, 남해 순천만 갯벌 축제, 서해 보령 머드 축제 등은 지역 특색을 살린 다양한 해양 축제로, 지역 경제에 매우 긍정적인 바람을 몰고 왔다. 이러한 축제들은 단순한 관광 상품이 아니라, 지역 주민들이 바다와의 협력적 관계를 재설정하고 사회적으로 조명받게 함으로써 그들만의 독특한 해역 문화를 지속적으로 계승 발전하게 하는 중요한 수단이 되어 왔다. 이러한 해양 축제와 문화 활동은 단순한 경제적 효과를 넘어 해역 도시의 정체성과 주민들의 생활 방식에 깊이 뿌리내리고 있다. 해양과 함께 살아가는 사람들의 이야기를 중심으로 한 '휴먼스토리(Human Story)'는 이러한 축제들의 중심에 서 있다. 해양 축제를 통해 사람들은 바다와의 관계를 다시 한번 재확인하고, 이를 통해 지역사회의 리질리언스(Resilience, 회복력)를 강화할 수 있다. 이러한 축제들은 해양 자원 보호와 어업의 지속 가능성을 위한 중요한 매개체가 될 수 있으며, 이를 통해 지역 경제와 해양 자원 관리가 상호 유기적으로 연결됨을 확인할 수 있다. 나아가 한국의 해양 축제를 세계적으로 확장하기 위한 전략도 고려해야 한다. 예를 들어 대만의 마조(媽祖) 순례나 일본의 해양 마츠리(祭)

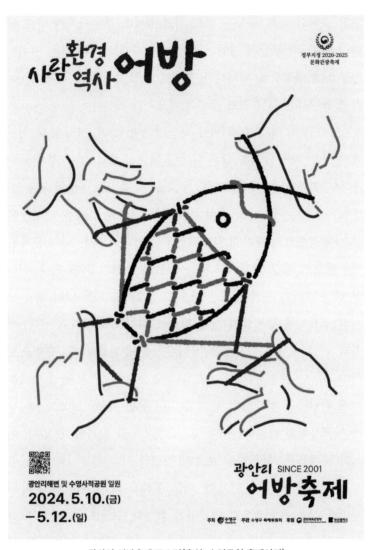

광안리 어방축제 포스터(출처: 수영구청 홈페이지)

는 글로벌 성공적 해양 문화 축제의 사례로 전 세계 관광객을 유치하며 지역 경제에 기여하고 있다. 이러한 해외 사례들을 연구하여 한국형 해역 문화 축제를 개발하고, 이를 국제적으로 확장하는 방안을 모색해야 한다. 이를 통해 지역 주민들이 해양 문화를 지속적으로 계승하며, 동시에 세계적인 해역 도시로서의 위상을 바로 세울 수 있을 것이다. 해양 문화와 예술의 발전은 단순한 축제와 관광 산업에 국한되지 않는다. 해역을 배경으로 한 문학, 예술, 영화, 공연 등 다양한 문화 콘텐츠가 지역사회의 정체성을 강화하는 중요한 역할을 할 수 있다. 부산은 이미 부산국제영화제(BIFF)를 통해 세계적인 영화 도시로 자리매김했으며, 이와 같은 국제적인 문화 행사를 통해 해역 도시로서의 이미지를 더욱 강화할 수 있다. 해역인문학적 관점에서 이러한 바다 관련 문화 콘텐츠를 연구하고, 이를 지역사회와 연결하는 전략을 모색해야 할 것이다.

불편 해역 문화유산의 재발견과 기록

해역인문학 관련 연구 아젠다에서 중요한 것 중 하나는 해역 문화유산에 대한 연구와 기록이다. 지금까지 해역을 배경으로 한 문화유산은 밝고 긍정적인 에너지와 역사만을 담고 있는 경우가 많았다. 하지만 부정적 해역 문화유산(부(負)의 해역 문화유산 또는 불편 해역 유산이라고도 불림)에 대한 관심과 환기가 필요한 시점이다. 부정적 문화유산은 대부분 지역 또는 국가 간 고통과 아픔의 역사를 내포하는 경우가 많다. 공교롭게도 많은 부정적 문화유산이 해역을 따라 전개되어 있다. 이러한 다크한 문화유산(Dark Tourlism)을 품은 바다는 우리에게 언제나 다양한 인문학적 통찰을 제공한다. 어찌 되었든, 이러한 부정적 유산은 감추기보다는 이를 공공의 기억으로 보존하고, 미래 세대에게 교훈을 전하는 것이 중요하다. 그 역할을 해역인문학의 시선으로 바라보고 지속적으로 발전해야 할 것이다.

부정적 해역 문화유산은 전쟁, 식민 지배, 산업화 과정에서 발생한 환경 파괴 등 다양한 형태로 나타난다. 일본의 군함도(端島, 일본에서는 하시마)는 과거 노동 착취와 폭력의 역사를 담고 있으며, 세계문화유산으로 등재되었음에도 불구하고 여전히 많은 논란을 불러일으키고 있다. 이러한 부정적 유산은 단순히 과거의 상처를 드러내는 것이 아니라, 이를 통해 현재와 미래에 교훈을 얻고 지속 가능한 발전을 위한 방향성을 제시하는 데 중요한 역할을 한다. 한국에서도 비슷한 사례들이 존재한다. 한국의 해역에서도 과거 산업화 과정에서 발생한 환경 파괴, 어촌 사회의 붕괴 등 다양한 부정적 유산이 존재하며, 이러한 유산들을 연구하고 기록하는 것은 해역인문학의 중요한 과제가 될 수 있다.

이는 단순한 역사적 기록이 아니라, 현재의 사회적 갈등과 문

군함도(하시마)의 모습(출처: 다음 백과사전)

제를 해결하는 데 중요한 교훈을 제공한다. 부정적 해역 문화유산을 연구하는 것은 또한 사회적 다양성과 소수자의 권리를 인정하는 변화된 사회적 분위기 속에서 큰 의미를 가진다. 과거의 아픔과 상처를 기억하고, 이를 통해 더 나은 사회를 만들어 가는 것이야말로 지속 가능한 해역 문화를 구축하는 방법이다.

해역인문학적 관점에서 본 젠트리피케이션
: 해역 도시 부산의 도전과 과제

해역인문학은 바다와 맞닿아 살아가는 사람들의 삶과 문화를 중심으로 바다와 인간의 상호작용을 탐구한다. 부산은 바다를 일상적으로 접하는 해역 도시로, 이러한 상호작용이 다른 도시에 비해 훨씬 두드러지게 나타난다. 그러나 최근 젠트리피케이션(Gentrification) 문제로 인해 부산이 가진 해역적 특성이 점점 파괴되고 있다. 젠트리피케이션은 원래 중하류층이 살던 지역이 개발되어 고급 주거 및 상업지역으로 변하면서 기존 주민들이 밀려나는 현상을 의미한다. 해역 개발이 진행되면서 부산의 원도심은 대규모 젠트리피케이션 피해를 겪고 있으며, 그 결과 바다와 밀접하게 살아가던 원주민들이 쫓겨나는 상황이 발생하고 있다. 이러한 해역 도시 젠트리피케이션은 해역민(海域民)이 지켜온 바다와의 일상적인 삶을 위협하며, 그들의 정체성은 붕괴될 위기에 처해 있다. 해역민의 기억과 정체성이 사라진다는 것은 부산이라는 해역 도시의 경쟁력 또한 저하된다는 것을 의미한다. 해역 문화의 소멸은 단순한 개인적인 문제가 아니라, 지역사회의 문화적, 경제적 기반을 무너뜨릴 수 있는 심각한 문제. 이를 해결하기 위해서는 단순한 물리적 개발이 아닌, 해역인문학적 접근이 필요하다. 바다와 함께 살아왔던 원주민들의 일상적 지혜와 노하우를 계승하고, 그들이 다시 바다와 함께 살아갈 수 있는 환경을 마련해야 한다.

부산발 해역 도시의 정체성을 확립하고 지속 가능한 해역 도시로 나아가기 위해서는 지역 주민들과의 갈등을 최소화하면서도 발전을 이룬 우수한 사례들을 참고할 필요가 있다. 다시 말해, 해역인문학은 바다와 사람의 관계를 깊이 이해하고, 이를 바탕으로 지속 가능한 해역 발전을 도모하는 데 중요한 역할을 할 수 있다. 해역 도시에서 젠트리피케이션 문제를 해결하기 위해서는 해역민의 삶과 문화에 대한 존중이 필수적이며, 이를 통해 부산은 세계적인 해역 도시로서의 정체성과 자부심을 회복할 수 있을 것이다.

위기의 해역, 해역인문학으로의 어프로치

사실 세계적으로 해역은 공동화(空洞化) 현상으로 위기를 맞고 있다. 해역인문학에서는 최우선 과제로 심각한 해역 공동화 현상을 깊이 분석해야 할 시대가 도래했다. 우리는 인구감소를 넘어 인구 절멸(絶滅)의 시대에 살고 있다. 최근에는 도농어촌(都農漁村)을 가리지 않고 인구감소가 심각한 상황에 이르렀다. 굳이 언급하지 않더라도 해역을 지탱하고 있는 어촌은 인구절벽을 넘어 재앙 수준에 이르렀다. 어촌 인구 감소의 도미노 현상으로 인해 1차산업의 소멸뿐만 아니라, 어업을 지속적으로 계승할 인구 수급은 이미 임계점에 도달했다. 이에 해역 공동화를 해결할 대책 마련이 시급하다. 해역민에게 바다는 일상성을 담보한 생활 터전이다. 어업의 계승을 위해서라도 이 공간의 유지와 발전이 필수적이며, 이러한 필요성을 사회에 전방위적으로 알릴 명분이 요구된다. 이미 해역의 위기는 어업을 계승할 인력 부족이라는 문제와 끊임없이 맞닥뜨리고 있다. 위기의 어촌 생태계 속에서 내국인 일손 부족을 넘어, 외국인 노동자도 기피하는 현상에 대한 종합적 검토가 절실히 필요하다. 어업 계승뿐만 아니라, 해역이라는 일상 공간에 인구가 유입되지 않는다면 지속 가능한 해역으로서 기능할 수 없게 된다. 따라서 '생활인구'는 어촌에 머무는 시간과 관계없이 그 지역을 좋아하며, 다양한 방식으로 어촌과 관계를 맺고 꾸준히 참여하는 사람들을 의미한다. 일본에서는 이미 '관계인구(關係人口)'라는 개념이 활용되고 있다. 해역인문학에서는 이러한 개념을 어촌 지역의 재생과 활성화에 적용할 필요가 있다. 이제 세계는 인구 유입을 통한 인구감소 해결책을 모색할 시점에 이르렀다. 예를 들어, 정기적으로 어촌을 방문하여 즐기거나, 어촌에서의 삶을 누릴 수 있는 바다 생활권의 생활인구 유입책과 하이퍼로컬(Hyperlocal) 어촌 관련 콘텐츠 개발이 절실하다. 기존의 어촌 산업을 유지하는 것도 물론 중요하지만, 새로운 어촌의 활력을 되찾기 위해서는 인문학적 상상력과 창의력을 발휘한 해역 콘텐츠 발굴이 필요하다. 해역의 위기, 인구소멸의 원인을 해역인문학적 관점에서 재고하며, 이러한 위기와 갈등을 해결하기 위한 해역인문학적 접근이 필요하다. 위기의 해역, 인구소멸, 어업 계승, 그리고 해역 공동화라는 주제는 해역인문학적 상상력으로 사회적 변화를 이끌어 낼 변곡점에 도달한 셈이다.

블루휴머니티즈와 지속 가능한 해역인문학의 길

블루휴머니티즈(Blue Humanities)는 바다를 단순히 경제적 자원이나 두려운 자연환경으로 보는 시각을 넘어, 예술과 문학, 인문학을 통해 바다와 인간의 관계를 탐구하는 새로운 학문적 접근법이다. 이는 지속 가능한 발전을 지향하는 해역인문학의 미래와 깊이 연결되어 있다. 과거에 바다는 주로 위험하고 정복해야 할 대상으로 여겨졌으나, 현대에 이르러서는 인간 문명과 자연 생태계의 중요한 연결고리로 주목받고 있다. 이러한 인식 변화는 바다의 역사적, 문화적 중요성을 부각시키고, 해양 생태계의 보전과 인간 사회의 공동 번영을 목표로 한다. 블루휴머니티즈는 예술과 문학을 통해 바다에 대한 새로운 상상력과 통찰을 제공하며, 이를 통해 바다에 대한 인식과 접근 방식을 변화시킨다. 이는 해양 자원을 단순히 소비하는 것을 넘어서, 지속 가능하고 윤리적인 방식으로 바다와 교류하는 방법을 모색하는 데 중점을 둔다. 결국 블루휴머니티즈는 해역인문학의 지속 가능한 미래를 위한 중요한 학문적 기반을 제공하며, 바다를 문화적·환경적 측면에서 더욱 깊이 이해하고 보존하는 데 기여할 수 있다. 앞으로의 해역인문학 연구에서는 이러한 발상의 전환이 필요한 시점에 도달했다.

해역인문학의 미래를 향한 제언

해역인문학은 어느 날 갑자기 탄생한 학문 분야가 아니다. 오랜 시간 동안 인간과 자연, 그리고 사회의 상호작용 속에서 축적된 지혜가 결집된 결과다. 인간 본연의 후마니타스(Humanitas)가 바다라는 거대한 자연과 맞닿으며 만들어 낸 깊은 성찰의 결실이다. 이 책은 바로 그 성찰을 바탕으로, 인간과 바다의 본질을 탐구하는 여정을 기록하기 위해 기획되었다. 이 책이 연구자들에게는 새로운 영감을, 그리고 일반 독자들에게는 바다와 인류의 깊은 연결을 느낄 수 있는 계기가 되기를 진심으로 희망한다. 종장에서는 전체 내용을 정리하며, 해역인문학이 앞으로 마주할 다양한 미래의 이야기를 펼치며 마무리하고자 한다.

해역인문학 시선에서 바라본 문화의 흐름과 상호작용

해역인문학은 바다와 육지, 그리고 배후 지역을 중심으로 한 인문학적 연구로, 바다를 통한 문화, 언어, 물질 교류의 과정을 탐구하는 학문 분야다. 인간 사회가 해역을 매개로 연결되면서 서로 다른 문화와 언어가 어떻게 영향을 주고받았는지를 이해하는 데 중요한 역할을 한다. 바다는 단순한 물리적 경계를 넘어서, 사람과 물자가 오가는 중요한 통로로 기능해 왔고, 특히 아시아 지역은 바다를 통해 형성된 복합적인 문화 네트워크가 다양하게 전파되고 발전해 왔다.

해역을 통한 물질문화의 확산

해역을 통한 교류는 언어뿐만 아니라 물질문화에서도 중요한 변화를 가져왔다. 중세부터 근대에 이르기까지 유럽에서 아시아로 전해진 여러 도래식물은 그 지역의 생태적, 경제적 특성에 따라 각기 다른 방식으로 정착되었다. 이러한 작물들은 때로는 기근을 극복하는 데 중요한 역할을 하기도 했고, 경제적 가치를 지닌 상품으로 거래되기도 했다. 특히 '구황작물'로 불리는 감자, 고구마, 옥수수 등은 지역사회의 생존과 경제 구조에 큰 영향을 미쳤다.

해역을 통한 언어문화의 이동

역사적으로 해양을 통해 이동한 문화 요소는 식물, 언어, 기술 등 다양한 영역에서 확인된다. 중남미에서 유래한 작물이 유럽을 거쳐 아시아에 전해진 것은 해양 교류의 대표적인 사례다. 이러한 작물 중 일부는 아시아 각국의 식문화에 중요한 영향을 미쳤으며, 그 과정에서 각국의 문화적 특성에 따라 이름이 변형되거나 새로운 의미를 획득했다. 이러한 현상은 '해역언어학'의 관점에서 언어와 문화의 상호작용을 분석하는 데 중요한 단서를 제공한다. 해양을 통해 전달된 언어적 요소는 지역사회의 정체성과도 밀접하게 연관되어 있다. 예를 들어 일본에 전해진 '호박', 즉 '카보차(南瓜)'는 캄보디아라는 이름에서 유래한 작물이다. 이는 바다를 통한 교류가 단순히 물리적 이동뿐만 아니라 언어적 변형과 함께 문화적 전파를 일으켰음을 보여준다. 한국에서도 '고구마'는 일본을 통해 전해졌고, 그 과정에서 새로운 이름을 얻었다. 이는 해역언어학적 사례로 볼 수 있다. 이외에도 서양에서 동양으로, 동양에서 또 다른 지역으로 전달된 수많은 언어적 이동의 결과를 확인할 수 있다.

해역을 통한 음식문화의 변형

음식문화 역시 해역을 통한 교류의 산물이다. 특히 전쟁 시기에는 해역을 통한 물질 교류가 중요한 전환점이 되었다. 전쟁 시기에는 식량 공급이 제한되면서 평소에는 잘 사용되지 않던 음식 재료가 등장하기도 했다. 예를 들어, 한국 전쟁 시기 미국으로부터 지원받은 스팸과 같은 통조림 식품이 대중화되었고, 이는 전후 한국의 식문화에 깊이 자리 잡았다. 이러한 전쟁 관련 음식들은 시간이 지나면서 일상적인 식문화로 자리 잡았고, 전통적인 음식들과 결합해 새로운 형태의 요리가 탄생하기도 했다. 이처럼 해역을 통한 교류는 때로는 전쟁과 같은 극단적인 상황에서도 새로운 문화적 창조를 가능하게 했다. 이러한 음식문화의 변형은 현재까지도 계속 이어져 오고 있으며, 다양한 문화가 혼합된 음식을 통해 각 지역의 정체성과 역사적 배경을 이해할 수 있다.

해역인문학과 해양교육

해양은 단순한 교류의 통로가 아닌 교육과 연구의 중요한 주제로 떠오르고 있다. 해양 교육은 단순한 항해 기술의 습득을 넘어, 해양 환경과 해역을 통한 문화적 상호작용을 이해하는 데 기여하고 있다. 특히 일본의 해양 정책과 교육 사례는 한국 해양 교육의 발전에 중요한 참고자료가 된다. 일본의 문부과학성(文部科學省)은 해양과 관련된 다양한 교육 프로그램을 운영하며, 이를 통해 해양의 중요성을 널리 알리고 있다. 한국도 이에 대응하여 해양 교육을 강화하고 있으며, 해양 환경 보호와 관련된 프로그램을 점차 확대하고 있다.

지속 가능한 해역 도시를 위한 해역인문학의 역할과 제언

해역인문학의 미래는 지속 가능한 해역 도시 발전과 깊이 연관되어 있다. 젠트리피케이션으로 인해 해역민이 삶의 터전을 잃고 정체성이 위협받고 있는 현재 상황에서, 우리는 바다와 사람의 관계를 재정립해야 한다. 이를 위해 해역민의 문화와 일상적 지혜를 존중하고, 그들의 목소리를 반영한 해양 정책을 수립해야 한다. 또한, 미래 세대를 위한 해양 교육의 확대와 개선이 필요하며, 해역인문학을 통해 바다와 공존하는 삶의 가치를 널리 알리는 노력이 필요하다. 해역인문학은 해양 자원의 보전과 지역사회 간 갈등을 해소하는 중요한 열쇠가 될 수 있으며, 이를 바탕으로 부산은 세계적인 해역 도시로서의 정체성을 더욱 강화할 수 있을 것이다.

해역인문학의 미래를 향한 제언

오늘날 해역은 단순한 물리적 경계가 아닌, 지속 가능한 발전을 위한 중요한 자원으로 인식되고 있다. 해양 환경 보호와 지속 가능한 어업, 해양 생태계의 복원 등은 전 세계적으로 중요한 과제로 부상하고 있다. 이러한 측면에서 해역인문학 연구는 미래 세대를 위한 필수적인 요소로 자리 잡고 있으며, 해역을 통한 문화적, 경제적 교류는 더욱 활발해질 것으로 예상된다. 해역인문학은 이와 같은 복합적인 교류의 과정을 분석함으로써, 인간과 자연, 그리고 문화가 어떻게 상호작용하며 발전해 왔는지를 깊이 있게 이해할 수 있는 중요한 학문적 기반을 제공한다. 앞으로도 해역을 통한 교류는 전 세계적으로 계속될 것이며, 이를 기반으로 한 연구는 다양한 학문 분야에서 중요한 역할을 할 것이다.

무한한 가능성을 품은 해역인문학

인문학적 상상력이 동원된 문학작품이나 영화에는 누구도 흉내 낼 수 없는 그 작품만의 '핑거프린트(Fingerprint)'가 존재한다. 이렇게 작품마다 새겨진 지문(指紋)은 해역인문학 연구로서 자연스레 빛을 발할 것이다. 감추고 싶어도 감출 수 없는 지문, 이것이야말로 해역인문학의 시선에서 주목해야 할 핵심 키(Key)

가 된다. 우리는 문학작품 속에서 해역이라는 정체성이 드러나는 것을 발견할 때 흥분을 느낀다. 예를 들어 박팔양 시인의 「인천항」이라는 시를 읽어 보면, 부두, 세관, 조수(潮水), 항구, 기적(汽笛)이라는 비릿한 낱말들이 등장한다. 이렇게 해역인문학적 단어들로 모아서 쌓아 올린 블록이 바로 해역인문학의 정체성을 대변한다. 해역은 연결고리이자 네트워크다. 이 연결고리로 만들어진 것이 도시이기에, 이 시에는 상하이, 홍콩, 요코하마 같은 해역의 냄새가 풀풀 풍기는 도시 네트워크의 이름이 등장한다. 그리고 그 도시를 떠돌며 망명했던 사람들의 모습이 묘사된다. 마지막에는 모자를 삐딱하게 쓰고 인천항에 발을 내디딜 사람으로 끝을 맺는다. 이 작품을 통해 해역인문학의 확장된 감성을 풍부하게 느낄 수 있다. 해역인문학 연구는 다양한 장르에서 접근할 수 있다. 특히 이 책에서는 해역이라는 역사문화적 공간에 나타나는 다양한 언어문화 풍경을 인문학적으로 스케치하려 했다. 이렇게 그려진 해역인문학 관련 몇 장의 그림 이야기를 살피다 보면 해역인문학은 앞으로 무한한 가능성을 품고 있음을 직감하게 될 것이다. 앞으로 다양한 학문 분야와의 협력을 통해 해역인문학을 편견 없이 올바르게 바라보기를 희망한다.

이 책을 통해 해역이라는 공간 속에서 우리가 미처 보지 못한 언어, 문화, 그리고 인간의 이야기를 그려내고자 했다. 해역인문학은 앞으로도 무한한 가능성을 품고 있으며, 다양한 학문과의 협업을 통해 바다를 더욱 깊이 이해하고, 바다와 사람의 관계를 새롭게 조명할 수 있을 것이다. 이제 막 시작된 해역인문학의 미래는 더 많은 이들과 함께 그려나갈 것이며, 바다와 인류가 함께 걸어갈 그 길이 우리 앞에 펼쳐져 있다.

저자 후기

그동안 연구해 온 해역인문학(Sea Region Humanities)의 새로운 가능성과 학문적 접근을 하나의 책으로 엮어내는 기회를 갖게 되었다. 해역인문학은 단순히 바다 위에서 벌어지는 인문학적 현상을 다루는 것이 아니라, 바다와 인접한 공간에서의 인간 활동, 특히 언어와 문화의 교류와 변화를 탐구하는 학문이다. 기존의 인문학이 주로 육지 중심의 기록과 이론적 분석에 치중했다면, 해역인문학은 바다 위에서 이뤄지는 역동적(Dynamic) 상호작용을 통해 인간과 문화를 새롭게 바라보고자 했다.

이 책은 국립부경대학교 인문한국플러스(HK+) 사업단에서 7년에 걸쳐 진행된 '동북아해역과 인문 네트워크의 역동성 연구' 내용 중 개인 연구 분야 논문을 대폭 수정하거나 새롭게 많은 부분을 집필한 내용을 바탕으로 집필되었다. 수많은 언어와 문화가 바다를 통해 어떻게 이동하고 교류했는지, 그리고 그 결과로 나타난 언어문화의 다이너미즘(Dynamism)을 이야기했다. 이 연구는 동북아시아 지역을 중심으로 해역과 육지의 경계를 허물고, 바다를 매개로 한 인간의 언어적, 문화적 교류를 학문적으로 자리매김하는 중요한 기회가 되었다.

책의 구성은 크게 네 부분으로 나뉘는데 주석은 따로 달지 않고 본문에 가급적 쉽게 녹여내려 하였다. 우선 각 부분은 해역인문학의 이론적 정의에서 실제 사례 분석, 그리고 해역인문학의 미래에 대한 전망까지 다루었다. 이 과정에서 가장 중점을 둔 것은 해역이라는 공간이 단순히 물리적 경계나 지리적 의미를 넘어서, 언어와 문화의 교차점이라는 사실을 조명하는 것이다.

1부에서는 해역인문학의 이론적 정립과 정체성을 다양한 관점에서 분석하고, 이를 통해 해역인문학의 외연(外緣)을 확장하려고 했다. 특히 바다와 배후지(Hinterland)의 공간적 개념을 도입하여, 해역이라는 공간이 단순히 지리적 경계를 의미하는 것이 아니라, 다양한 시대적 변화를 반영하는 복합적이고 유기적인 공간임을 강조했다. 이론으로서의 해역인문학은 바다와 그 주변에서 이뤄지는 인간의 교류를 탐구하며, 이 과정에서 해역이 기존의 인문학 위기 상황에서 새로운 돌파구가 될 수 있음을 제시하였다. 이 장을 통해 나는 해역을 단순한 연구 대상이 아닌, 인문학적 상상력과 유기적으로 결합된 학문적 탐구의 장으로 제안하였다. 바다는 그 자체로도 하나의 거대한 이야기이며, 그 안에서 끊임없이 변화하는 인간의 언어와 문화는 해역인문학을 통해 더욱 깊이 탐구될 수 있겠다는 확신을 갖게 되었다.

다음으로 2부에서는 기록과 현장 그리고 일상에서 접하는 해역 언어의 자료를 분석했다. 해역에서 발견되는 언어의 흔적은 우리가 알아채지 못했던 다양한 문화 교류의 결과물이다. 특히 각 지역의 사투리를 통해 해역과 언어의 긴밀한 관계를 확인할 수 있었다. 사투리는 지역적 특수성을 반영하는 중요한 요소일 뿐만 아니라, 바다를 중심으로 이동하며 발전한 언어 변이의 중요한 자료이다. 이를 통해 해역언어학(Sea Region Linguistics)의 확장 가능성을 열어보았다. 자료로서의 언어를 통해, 언어가 단순한 의사소통 수단이 아니라 문화적 교류의 결과물임을 강조하고자 했다. 각 지역의 사투리는 바다를 통해 교류된 다양한 언어적 요소들이 혼합되고 발전한 결과이며, 이를 해역인문학적으로 해석하는 것이 중요하다고 판단하였다.

3부에서는 동북아해역을 둘러싼 언어문화의 상호작용과 해역 도시를 조망하였다. 특히 개항장(open port)을 중심으로 도시 간의 문화적 차이를 비교하는 작업은 해역에서 이뤄진 언어와 문화의 교류를 이해하는 중요한 단서를 제공한다. 바다와 육지를 오가며 변천하는 언어와 문화는 그 자체로 훌륭한 '언어풍경(Linguistic Landscape)'이며, 이를 보다 체계적으로 분석하는 것이 해역인문학의 중요한 과제였다. 이 장을 통해 바다가 단순한 교통 루트가 아닌, 문화적 변동과 융합의 공간으로 보고자 했다. 바다

위에서 이뤄지는 언어문화의 변화는 해역인문학을 통해 더욱 정교하게 분석될 수 있으며, 이러한 변화는 단순한 현상이 아니라 인문학적 가치를 담고 있는 중요한 연구 대상임을 깨달았다.

마지막 4부에서는 해역인문학의 미래를 전망하며, 지속 가능한 발전 가능성을 모색했다. 대한민국 국민을 대상으로 한 해양지수 조사 결과는 해역을 바라보는 우리 사회의 시각을 객관적으로 분석하는 중요한 자료로 활용되었다. 이는 해역인문학이 앞으로 나아가야 할 방향을 제시하는 데 큰 역할을 했다. 이 책을 통해 해역인문학이 단순한 학문적 호기심을 넘어, 앞으로가 훨씬 더 연구 가능성이 무궁무진한 분야라는 것을 알리고자 했다. 해양 환경, 지역 창생(創生), 문화적 교류와 같은 문제들은 해역인문학적 시선으로 바라볼 때 비로소 새로운 해석과 해결 방안을 제시할 수 있다.

집필 과정 내내 바다를 다시금 다른 눈으로 볼 수 있게 되었다. 한때는 그저 광활하고 고요해 보이던 바다가, 지금은 수많은 이야기와 교류가 숨 쉬는 공간으로 다가온다. 그 속에서 우리가 그동안 미처 보지 못했던 인간의 삶의 흔적과 역사를 발견할 수 있었다. 『해역인문학의 시선-해역 위의 언어풍경』은 해역이라는 공간을 통해 인류의 언어와 문화, 그리고 그 교류의 여정을 즐겨보고자 이제 막 첫 발걸음을 뗐다. 어떻게 보면 이 책은 해역인문학의 가능성에 대해 앞으로 펼쳐질 더 많은 연구와 논의의 출발점이 된 셈이다. 이 책을 통해 독자들이 해역을 새로운 시선으로 가깝게 바라보고, 해역인문학의 진정한 가치를 발견할 수 있는 기회가 되기를 바란다.

시월, 해풍(海風)을 느끼는 연구실에서
양민호

참고 문헌

김문기(2016), 「茲山魚譜와 海族圖說」, 『역사와 경계』 101, pp.67-132.

김승(2017), 「식민지시기 조선에서 생산된 수산물의 수이출(輸移出) 동향」, 『역사와경계』 103, pp.245-297.

김영운·김용복(2002), 「어선에서 사용되는 일본식 용어에 관한 실태 조사(Ⅰ)」, 『수산해양 교육연구』 14(1), pp.79-94.

김영운·김용복·김종화(2010), 「어선에서의 일본식 용어 사용에 관한 실태 조사(Ⅱ)」, 『수산 해양교육연구』 22(1), pp.1-10.

김중빈(2004), 「魚譜類에 나타난 19C초의 수산물 어휘 연구」, 『한어문교육』 12, pp.137-173.

김지숙(2015), 「동해안 어촌 생활어에 나타난 바람 명칭 명명법 연구」, 『한민족어문학』 71, pp.5-44.

김지숙(2017), 「어획물 명명 기반에 따른 명칭 연구」, 『어문론집』 69, pp.55-93.

김홍석(1996), 『한국산 어류 명칭의 어휘론적 연구』, 공주대학교 국어교육학과 석사학위논문.

김홍석(2001), 「우해이어보에 나타난 차자표기법 연구-어명을 중심으로」, 『어문연구』 29, pp.100-134.

류젠후이(2020), 양민호 외 옮김, 『마성의 도시 상하이-일본 지식인의 근대 체험』, 소명출판.

농상공부수산국(1909), 『韓國水産誌』.

배준기·이은방(2014), 「사고 통계기반 선박사고 예방지수 개발에 관한 연구」, 『한국항해항만학회지』 제38권 제3호, 한국항해항만학회, pp.247-252.

배태영(2018), 「상대적 문화지수 측정을 통한 지역 문화정책 수립에 관한 연구」, 『지방정부연구』 제14권 제3호, 한국지방정부학회, pp.217-239.

손병태(1997), 「경북 동남 지역의 어류 명칭어 연구」, 『한민족어문학』 32, pp.149-163.

손지연(2016), 「일본 제국 하 마이너리티 민족의 언어 전략-오키나와(어) 상황을 시야에 넣어」, 『日本思想』 30, pp.147-170.

양민호(2018), 「어촌생활어 속에 나타나는 잔존 일본어에 관한 연구」, 『동북아해역과 인문네트워크』, 제1회 부경대학교 인문한국플러스(HK+)사업단 국제학술대회 자료집.

양민호(2023), 「해양활동체험에 관한 탐색적 연구: 부경해양지수를 중심으로」, 『동북아문화연구』 1(77), pp131-145.

양민호·김준환(2020), 「동북아해역의 먹거리지수 수준과 소비자 인식간의 관계에 대한 연구」, 『디지털융복합연구』 18(4), 한국디지털정책학회, pp.113-119.

양민호·최민경(2020), 「동북아 해역인문학에 관한 사회언어학적 인식조사 연구-'해양문화지수'를 중심으로」, 『인문사회과학연구』 21(1), 부경대 인문사회과학연구소, pp.27-52.

이근우(2009), 「韓國水産誌의 수산물 명칭과 번역의 문제」, 『동북아 문화연구』 21 , pp.21-37.

이민경(2024), 「샤먼 구랑위의 도시재생 연구-지역정체성을 겸론하여」, 『중국학』 88, pp.581-604.

李崇寧(1935), 「魚名雜攷」, 『진단학보』 2, pp.134-149.

이태원·홍지민·윤재선(2014), 「태안 연안에서 이각망에 의해 채집된 숭어의 연령과 성장」, 『한국어류학회지』 26(3), pp.194-201.

조영제(2009), 『생선회 100배 즐기기』, 김&정.

조태린(2015), 「언어 경관에 대한 언어 정책적 접근: 다언어사용 정책의 문제를 중심으로」, 『일본학』 제40권, pp.27-50.

한국농어촌공사(2021), KRC농어촌 뉴딜전략.

해양수산부(2021a), 2021년도 어촌뉴딜사업 시행지침.

해양수산부(2021b), 제2차 수산업·어촌 발전 기본계획(2021~2025).

현민(2019), 「수산물먹거리를 통한 해양활동에 대한 실태연구」, 『인문사회과학연구』 20(2), pp.115-133.

현민·예동근·이춘수(2019), 「해양문화지수를 통한 해양실태조사와 한류 시너지에 관한 소고」, 『무역통상학회지』 19(1), pp.47-68.

井谷泰彦(2006), 『沖縄の方言札さまよえる沖縄の言葉をめぐる論考』, ボーダーインク.

外間守善(2000), 『沖縄の言葉と歴史』, 中央公論新社.

岸道郎·間々田和彦(2000), 「海洋の教育と研究への提言」, 『月刊海洋』 32.

川口隆行(2007), 『台湾·韓国·沖縄で日本語は何をしたのか一言語支配のもたらすもの』, 三元社.

近藤健一郎(2002), 「近代沖縄における方言札(4)―沖縄島南部の学校記念誌を資料として―」, 『愛知県立大学文学部論集児童教育学科編』 50, 愛知県立大学文学部児童教育学科·愛知県立大学文学部.

花輪公雄(2000), 「我が国における海の科学の教育と研究についての所感」,

『月刊海洋』32.

猿田美穂子(2007),『標準語励行の実態と人々の意識 ―方言札に着目して―. 沖縄フィールド・リサーチ』, 秋田大学教育文化学部, pp.160-168.

谷川健一(1970),『わが沖縄第二巻』, 木耳社.

田中智志(2019),『海洋教育の理念-重層的かつ先導的に』.

中井精一(2018),『方言の研究3語の受容と社会的機能―ブリの成長段階名の拡大とその背景』, ひつじ書房.

福井県水産試験場(2008),「日本海における大型ブリの動き」.

日本海洋学会「海を学ぼう」編集委員会(2003),『海を学ぼう-身近な実験と観察-』, 東北大学出版会.

柳宗悦(1940),.『国語問題に関し沖縄県学務部に答ふる書』, 月刊民芸.

日置光久・及川幸彦・川上真哉編著, (令和元年), 海洋教育指導資料小・中学校編学校における海の学びガイドブック, 大日本図.

Landry, R. & Bourhis, R. Y.(1997), "Linguistic landscape and ethnolinguistic vitality: An empirical study", *Journal of Language and Social Psychology*, 16(1), pp.23-49.

Yang, Minho(2018), "Study on Vestiges of Japanese in Fishing Village Language", *Journal of Marine and Island Cultures* vol.7 no.1, pp.48-49.

보고서

CORE사업단(2018),『2017 부경해양지수: 한국인에게 바다란 무엇인가』, 부경대학교.

CORE사업단(2019),『2018 부경해양지수: 한국인에게 바다란 무엇인가』, 부경대학교.

HK+사업단(2019), 『부경해양지수: 동북아해역에 대한 국민의식조사』, 부경
대학교.

HK+사업단(2023), 『부경해양지수: 동북아해역에 대한 국민의식조사』, 부경
대학교.

웹사이트

https://www.mof.go.kr/doc/ko/selectDoc.do?docSeq=52587&menuSeq=971&b
bsSeq=10

https://www.nocutnews.co.kr/news/6042005

https://newsis.com/view/?id=NISX20231023_0002492458&cID=13001&p
ID=13000

https://100.daum.net/encyclopedia/view/99XX32101032

https://100.daum.net/encyclopedia/view/47XXXXXXb616

https://www.oceanopolis.com/en/welcome/

https://www.ibnews.or.kr/107668

https://www.marine-ed.org/about-nmea

https://www8.cao.go.jp/ocean/policies/education/area_other.html

https://oceanliteracy.wp2.coexploration.org/ocean-literacy-framework/

https://foodslink.jp/syokuzaihyakka/syun/fish/suzuki.htm

https://www.okinawatimes.co.jp/articles/-/14082

http://coralway.jugem.jp/?eid=4947

찾아보기

해역인문학의 시선
해역 위의 언어풍경

초판 1쇄 발행 2024년 10월 25일

지은이 양민호
펴낸이 권경옥
펴낸곳 해피북미디어
등록 2009년 9월 25일 제2017-000001호
주소 부산광역시 동래구 우장춘로68번길 22
전화 051-555-9684 | 팩스 051-507-7543
전자우편 bookskko@gmail.com

ISBN 978-89-98079-96-3 93700

* 이 책은 2017년 대한민국 교육부와 한국연구재단의 지원을 받아 수행된 연구임.
(NRF-2017S1A6A3A01079869)